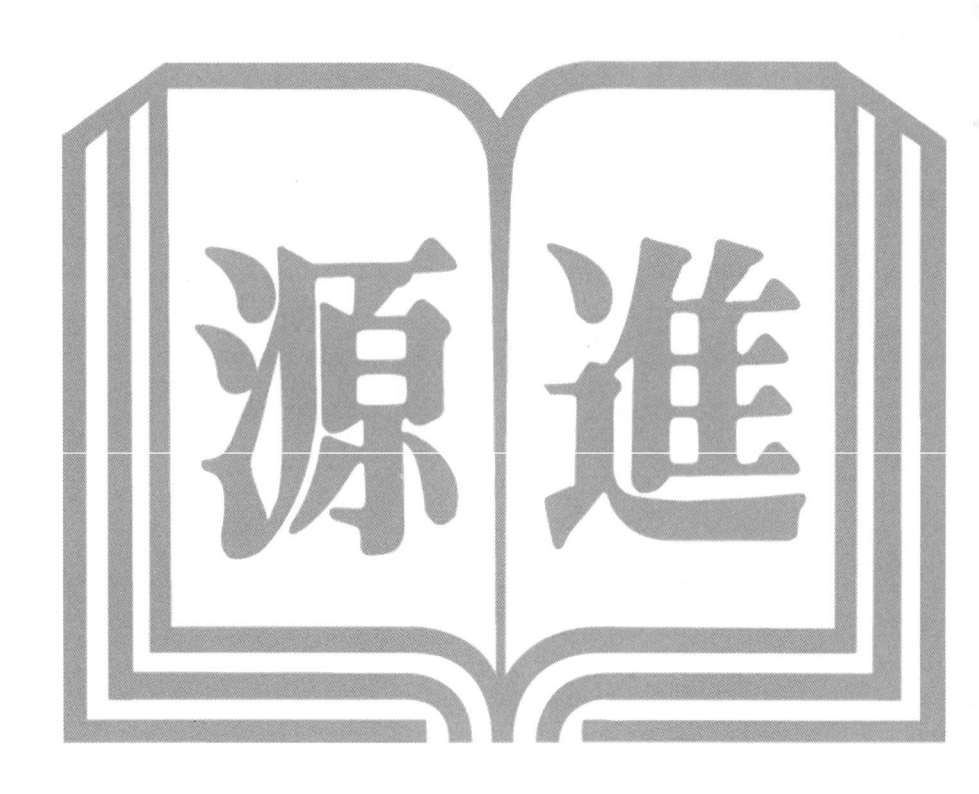

◎堪輿經典◎

九運陽宅透析

2024 → 2043
九紫運現代陽宅納氣

劉賁 *BenLiu* 編著

進源網路事業有限公司出版

《九運陽宅透析序言》

◎時序進入西元2024年，歲次甲辰，立春正式進入最近180年〔三元九運〕的最後一運，亦即下元９紫運。攷之〔**八卦九宮洛書**〕，９紫運屬離卦南方，想來自此20年旺運當屬〔**南**〕。以中原為太極，南方陸地若延伸至印度洋，則印度與東協當是９紫運的旺區。察最近在全球引領旋風的〔**晶圓與AI**〕，台灣是熱區；若以本島為太極，南台引領風騷；以日本為太極，則九州熊本，極為吸睛矚目。甚至近月的報導〈*墨西哥已取代中國，成為美國最大進口國*〉，亦是徵驗〔**北美立極旺在南**〕。

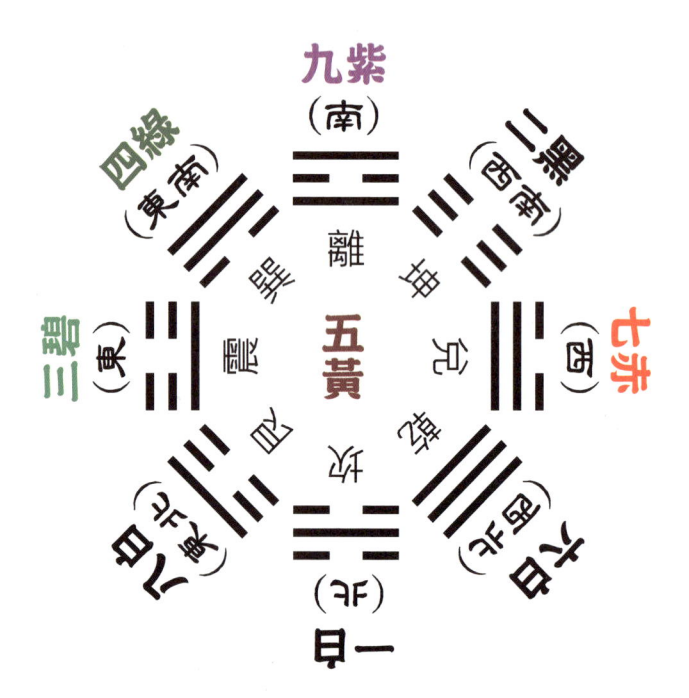

◎ 以上九運之說，乃立足於〔**玄空大卦**〕來論大地旺衰，實為經國經世之宏偉理論；對眾多市井小民來說，似乎又相去甚遠。吾等所關切者，僅是在新氣運時代，應該如何因勢利導，規劃設計所屬住居陽宅，方才務實吧！

◎ 各類陽宅理氣學，有論〔**地命**〕，專注地氣之收；又有〔**天氣**〕之說，專執把握氣運；兩方各有易理之撐持，各有擅長，難言絕對之優劣真偽。然而翔實考證，甚多〔**陽宅**〕學理乃脫胎自〔**陰墳**〕，俱是主論宅墳四周八方〔**明山明水**〕之映照感應。過去之陰墳陽宅，規模通常較小，只要站在宅前，四圍八方之山水即盡收眼底，吉凶禍福全憑明山明水之外氣直斷。唯近代陽宅佔地較廣、高樓大廈匯聚，個人住居單位通常只有單方面向，看不到、也摸不著實際山水；尤其樓宇之內又有〔**外氣轉生內氣**〕以及〔**內氣外氣偏置宮位**〕等問題，其複雜與多變，又非外氣直通之舊時陰陽宅所能相比。……換句話說，各類理氣仍須分析過濾與取捨。

◎ 進源書局林老闆囑咐整理〔**九紫運專用的現代陽宅學**〕，劉賁不揣淺陋，期望能夠再次為五術界奉獻些許心力。

劉賁謹識
2024歲次甲辰蒲月

目錄

《九運陽宅透析序言》 002
堪輿理氣概述 007
　〔堪輿學導論〕 007
　〔地命為主軸的風水術〕 011
　〔時運為主軸的風水術〕 032
陽宅地理闡述 047
　〔陽居導論〕 047
　〔現代陽宅納氣闡述〕 061
　〔平原曠野單家獨立詹屋納氣〕 074
　〔市井連屋之納氣〕 088
　〔山居之宅、高樓住戶〕 099
　〔內六事安置通則〕 106
地命納氣吉凶斷驗 135
　〔地命地氣總成〕 135
　〔八宅〕 143
　〔玉輦經〕 146
　〔紫白飛星之納氣〕 160
　〔輔星水法論納氣〕 166
九紫運納氣吉凶剋應 173
　〔九紫運基本星性剋應〕 174
　〔2024～2043九紫運納氣交會剋應〕 182

附錄

現代陽宅羅盤解說 198
 壬山丙向 199
 子山午向 200
 癸山丁向 201
 丑山未向 202
 艮山坤向 203
 寅山申向 204
 甲山庚向 205
 卯山酉向 206
 乙山辛向 207
 辰山戌向 208
 巽山乾向 209
 巳山亥向 210
 丙山壬向 211
 午山子向 212
 丁山癸向 213
 未山丑向 214
 坤山艮向 215
 申山寅向 216
 庚山甲向 217
 酉山卯向 218

辛山乙向 ·· 219

戌山辰向 ·· 220

乾山巽向 ·· 221

亥山巳向 ·· 222

《九紫運何去何從》·································· 223

堪輿理氣概述

〔堪輿學導論〕

◎〔**堪輿學**〕本源於葬墳，後推及於陽宅；基論山水形質而為〔**形家**〕；亦取山水氣息，乃為〔**理氣**〕。形家者，即就地形地物而論巒頭，以山水巒頭之形狀與品質，以及高低遠近，以論吉凶悔吝。論〔**理氣**〕，則有兩個方向；其一論空間之〔**地命**〕，其二論時間的〔**天運**〕。〔**地命**〕之論，乃以〔**卦位**〕或〔**方位**〕之固定頻道來論〔**地靈**〕；〔**天運**〕則是以〔**元運**〕取方位之旺衰。

◎〔**地命**〕理氣之論，又有〔**水法**〕與〔**宅卦**〕兩類。〔**水法**〕有〔**輔星水法**〕、〔**三合水法**〕及〔**龍門八局**〕，俱以〔**來去水口**〕論吉凶，只是〔**三合**〕及〔**輔星**〕論〔**廿四山**〕，〔**龍門**〕則逕取〔**八卦方位**〕論吉凶。〔**宅卦**〕則有〔**八宅**〕以及〔**紫白飛星**〕兩路，俱是以〔**八卦方位**〕論宅墳吉凶；只是〔**八宅**〕專論陽宅，而〔**紫白飛星**〕則是陰墳陽宅俱論。

〔旁註：**水法**，本質上是以**明水光氣**論陰陽宅〕

◎〔**天運**〕之論，主軸在論〔**元運**〕；依派別理論，分〔**三元九運**〕與〔**二元八運**〕、〔**二元九運**〕，間夾輔助加權之〔**五子小運**〕及〔**太歲流年**〕。

堪輿
〔大地、風水、陽宅〕

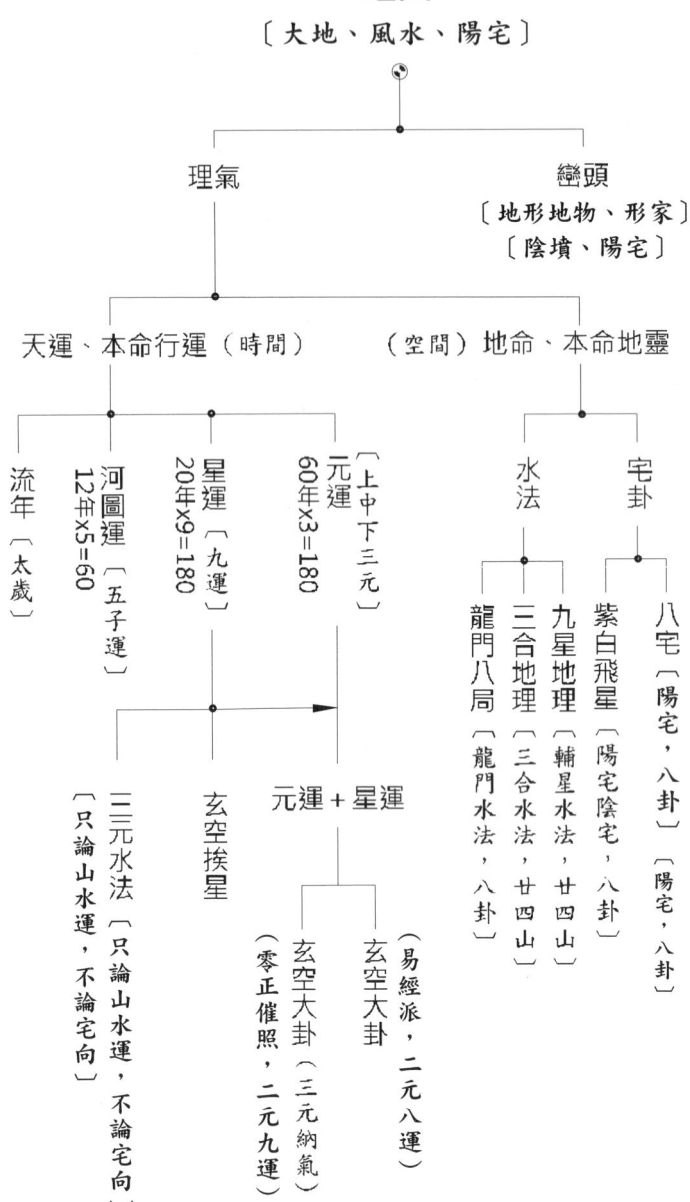

理氣

天運、本命行運（時間）

- 流年〔太歲〕
- 河圖運〔五子運〕 12年×5=60
- 星運〔九運〕 20年×9=180
- 元運〔上中下三元〕 60年×3=180

↓

玄空挨星

元運＋星運
- 玄空大卦（零正催照，二元九運）
- 玄空大卦（三元納氣）
- （易經派，二元八運）

三元水法〔只論山水運，不論宅向〕

巒頭
〔地形地物、形家〕
〔陰墳、陽宅〕

（空間）地命、本命地靈

水法
- 龍門八局〔龍門水法，八卦〕
- 三合地理〔三合水法，廿四山〕
- 九星地理〔輔星水法，廿四山〕
- 紫白飛星〔陽宅陰宅，八卦〕

宅卦
- 八宅〔陽宅，八卦〕

◎論理氣,首先必須〔**定向立極**〕方論八方山水之良窳、並斷吉凶。墓葬乃以〔**墓碑**〕定向立極,傳統陽宅則以〔**門向正面中間屋簷滴水處**〕下盤立極、以定坐向。

◎堪輿之〔**理氣**〕系統,多說是〔**收山納水**〕,表面上雖直指〔**八國山水**〕之良窳吉凶,然而究其原理,皆在氣之流行;實際上俱是〔**納氣感應**〕而已。

〔旁註:天氣為陽而無形、地物為陰而有形;地形的陰,必須以陽氣朝之,大地始有靈氣;天之陽氣,亦須以陰應之,否則即不聚氣而消散無蹤〕

〔旁註:若以山水的形質對論,山靜為陰、水動屬陽;表面上以明山明水論收山納水,實際乃取其氣之陰陽交媾,陰吸陽而陽附陰〕

◎陰宅〔**收山納水**〕,通常立於墓碑之前或站在墓龜之上,則四圍八方之山水盡收眼底,吉凶禍福全憑明山明水之外氣直斷,較為明快且確實無誤。唯後來推及於陽宅之斷,由於陽宅佔地較廣,四周山水難以盡收,尤其又有〔**外氣轉生內氣**〕以及〔**內氣外氣偏置宮位**〕等問題,其複雜與多變,又非外氣直通全墓之陰宅所能相比。然而萬法同宗、一理以通,陽宅納氣仍有理路。

◎既言〈**察明山明水之外氣**〉,又有〔**地氣**〕與〔**天氣**〕之辨。〔**地氣**〕乃源於地心,須查察其方〔**地形地物**〕,其氣之作用亙古不變,〔**地氣**〕或又稱做〔**地命**〕。

〔**天氣**〕乃流行於地表,隨時而行止,須論〔**時運卦理**〕。

〔旁註：蓄於地者，為地氣，為陰為靜；著重的是地脈，其福禍之應，悠久而長遠，宜於墓葬；故而古人多論地氣或地命來進行墓葬〕

〔旁註：流於於地表者，為天氣，為陽為動。天氣福禍之應迅速，因此陽宅多不取地脈而專重天氣，以其易於應驗而發財。然天氣行止隨時運而變，易發也易衰〕

◎盤點各路理氣，〔三合〕、〔九星〕與〔龍門八局〕，主論〔水法〕，專論水口之去來，以水口固定的〔方位頻道〕論〔地命〕的吉凶。〔八宅〕不論外氣山水，專論陽宅的〔內部八方頻道〕氣息吉凶，並依之安排宅內物事，也是屬於直論〔地命〕的一脈。

〔旁註：江河水流表面必醞蒸水氣，水動則帶動氣息；江河之來去**水口**，實際上就是**氣口**〕

◎三元系統的理論，包括〔紫白飛星〕、〔玄空挨星〕、〔玄空大卦〕，主軸〔三元九運〕，主論地表〔天氣〕，以〔挨星〕時運論八國山水之〔生旺衰死〕，並斷吉凶。

〔旁註：實務上，由於宅墳或年久失修，或周遭地形地物之變動，造成山水地氣之衰變或轉移，宅墳主家自然就有興衰；三元一脈以其**氣隨運轉**之理論，為興衰之理另外下一註腳〕

◎術界通以〔玄空〕直屬三元一脈，談起〔玄空〕，不是〔挨星〕即是〔大卦〕；事實上，〔玄〕者〔旋〕也，〔之迂迴旋〕說的即是〔水〕；〔空〕則指〔來風聚氣〕

之處；〔**玄空**〕即〔**風水**〕的代名詞，並不專屬某門派。

〔**地命為主軸的風水術**〕

◎前節已經指出論〔**地命**〕之風水術，有〔**輔星、三合、龍門**〕水法，以及論卦位卦氣之〔**八宅、紫白飛星**〕。以下就專屬〔**地命**〕之各項術法，進行提綱挈領。

八宅遊年。……專論陽宅宅命。

- 八宅法以陽宅坐卦立極，用所謂〔**大遊年**〕之法，將八方宮位抽爻換象，並在八宮按上〔**遊年九星**〕；並依九星而劃分成〔**四吉位**〕與〔**四凶位**〕。

〔旁註：**四吉位**包括**伏位**輔弼、**生氣**貪狼、**天醫**巨門、**延年**武曲；四凶位則是**禍害**祿存、**絕命**破軍、**五鬼**廉貞、**六煞**文曲〕

- 若細察宅第的八卦宮位，可以被劃分為東西宮位；〔**乾、坤、艮、兌**〕四宮為西四，〔**坎、離、震、巽**〕四宮屬東四。八宅亦由此而分東西，坐山〔**坎離震巽**〕即是〔**東四宅**〕，坐山〔**乾坤艮兌**〕則是〔**西四宅**〕。

- 不論是〔**東四宅**〕或〔**西四宅**〕，本宅吉位除了〔**坐卦**〕是〔**伏位**〕之外，另三個宮位必是〔**生氣**〕或〔**天醫**〕或〔**延年**〕。〔**東四宅**〕的〔**禍害、絕命、五鬼、六煞**〕等四凶，必然落在〔**西四宮**〕；反之，〔**西四宅**〕的〔**禍害、絕命、五鬼、六煞**〕等四凶，則必然落在〔**東四**

宮〕；因此〔**八宅遊年**〕的主要訣竅就在：〔**東西四宅不相混**〕。

● 將陽宅之內六事與外六事分別安置於四吉方或四凶方；八宅遊年主論〔**門主灶**〕，必將門主灶依四吉而安置。

〔旁註：古代陽宅的**外六事**指陽宅外圍環境，主要有六，**巷路、池井、坑廁、畜欄、社廟、橋樑**。**內六事**，指宅內最重要的六種組件要素，包括**門路、天井、廳堂、房床、廚灶**及**碓磨**〕

〔旁註：門主灶之**主**，即指**主房**；本是針對昔時內進多層且多獨立房舍之庭院式之論。今則逕以獨門獨戶之**主人房**論之。今日陽宅宜以房間功能而論〕

〔獨白：昔時陽宅固有獨立家屋，然文化上多宗大家族，故而陽宅是三合院、四合院，甚至多層進庭院的集合式住宅；各房有自身的房門、整個宅院則有個共同大門；炊爨處是獨立分房，即稱灶房。

八宅遊年之六事，乃以全宅的繪圖分佈為主；換句話說，乃以全宅範圍的中心點來下盤立極。然而又有門主灶對論之法，例如：以主房立極，察大門之遊年吉凶；或以大門卦為伏位而察灶房遊年……。至於獨立家屋，固以全屋中心立極察（房床、灶位、神位）之遊年吉凶；若此三者又有專屬房間，則又有隨間論間之法〕

〔獨白：現代陽宅，雖仍多社區型集合式住宅，然各宅已
　　　　分屬不同家庭個人；現代高樓大廈內各單位，更是
　　　　毫無關係、各自獨立的家庭；因此八宅遊年之運用
　　　　乃以各宅分論，甚至多宗隨間論間〕
●另有將人命卦分為〔**東四命**〕或〔**西四命**〕，並斷其人宜
　於〔**東四宅**〕或〔**西四宅**〕之論，亦曾風騷於一時。
〔旁註：人命卦之論，強辭奪理、滯礙難行，術界已少〕

西四宅遊年圖

兌宅遊年圖

乾宅遊年圖

坤宅遊年圖

艮宅遊年圖

西四宅遊年圖

震宅遊年圖

巽宅遊年圖

坎宅遊年圖

離宅遊年圖

紫白飛星。……論陽宅宅命，兼及元運旺衰。

- 〔**紫白飛星**〕，又稱〔**宅卦五行**〕；宅墓的以〔**宅卦**〕弔入中宮，取紫白飛星順飛九宮，並列出八方各宮的五行，以飛星論旺衰之氣，從其旺衰可以了解本宅地靈有否生病。再依地靈的旺衰吉凶來安排內外六事。

〔旁註：**宅卦**即是**坐山之卦位**，即是本宅之**地靈**；
　　　　紫白飛星即論是以宅卦論本宅之**宅命**〕

〔旁註：紫白飛星，一白水、二黑土、三碧木、四綠木、
　　　　五黃土、六白金、七赤金、八白土、九紫火〕

- 飛星之後的盤局有八，八方旺衰之論，有兩個方向。①各宮泊星與原始卦位論生剋，以斷飛星效果。②各宮泊星與中宮宅卦對論生剋，則有〔**生、旺、洩、殺、死**〕之旺衰分別；本宅即依此而安置內外六事。

〔旁註：盤中之我剋宮位，本是**死氣**，然若宅卦得天運
　　　　生扶而強，則死氣轉成**財氣**而可用。
　　　　此所以說〈論宅命而兼及元運旺衰〉。
　　　　紫白飛星論當值之**後天九運**及**河圖五子運**〕

堪輿理氣概述　017

宅卦五行〔離局〕

宅卦五行〔坤局〕

宅卦五行〔震局〕

宅卦五行〔巽局〕

宅卦五行〔兌局〕 　　　　　宅卦五行〔乾局〕

宅卦五行〔坎局〕 　　　　　宅卦五行〔艮局〕

九星地理、輔星水法。……論龍山向水，主論水法。

- 〔**九星地理**〕實務上，在做〔**定向、定穴、納水**〕時，會以〔**來龍、坐山、或向首**〕的卦來做〔**巧翻八卦**〕，並以〔**納甲**〕將〔**楊公九星**〕納入廿四山的位置上，並依其星辰而定各方位的吉凶。

〔旁註：楊公九星，即**貪狼、巨門、祿存、文曲、廉貞、武曲、破軍、左輔、右弼**。以**貪狼、巨門、武曲**為三吉，**破軍、祿存、文曲、廉貞**為四凶〕

- 〔**九星地理**〕在〔**點穴、消砂**〕時，使用〔**山龍翻卦**〕；即以〔**來龍**或**坐山**〕的卦，用〔**天父卦**〕的規則來翻。

- 〔**九星地理**〕在〔**納水**〕時使用〔**水龍翻卦**〕，其法以〔**向首**〕取卦，依〔**地母卦**〕的順序將〔**輔、武、破、廉、貪、巨、祿、文**〕等九星依序翻卦；再以〔**納甲**〕將九星轉到二十四山上，然後以星辰取〔**三吉六秀**〕以定水口的吉凶。〔**水龍翻卦**〕的配納九星，乃以〔**輔弼**〕起始，故稱〔**輔星水法**〕。

〔旁註：水龍翻卦順序：**輔弼→武曲→破軍→廉貞→貪狼→巨門→祿存→文曲**〕

- 〔**九星地理**〕，論〔**二十四山淨陰淨陽**〕，〔**龍、向、水**〕必要〔**陰龍陰向陰水**〕或〔**陽龍陽向陽水**〕分配而立局。即以〔**陽龍立陽向、陰龍立陰向**〕，〔**陽水立陽向、陰水立陰向**〕，方是〔**陰陽合局**〕之吉；若是陰龍立陽向、陽龍立陰向，或者陽向收陰水、陰向收陽水，皆犯

〔陰陽駁雜〕為凶。

〔旁註：九星地理廿四山的陰陽，並不以八卦本卦論，
　　　　是廿四山經過納甲之後論陰陽〕

◎〔**九星地理**〕為僅論〔**去來水口陰陽**〕之水法，又稱〔**輔星水法**〕、〔**輔卦水法**〕、〔**納甲水法**〕，或稱〔**二十四山水法**〕。凡收納水神，必要來去水皆屬〔**陰陽相同**〕吉星，方是全吉。

〔旁註：九星地理只要陰陽相同，必屬吉星。既稱廿四山
　　　　水法，則其山水圖局各有廿四，總計四十八圖。
　　　　此處僅列數例為式〕

〔例〕
內：乾山龍
外：巽水龍

堪輿理氣概述　021

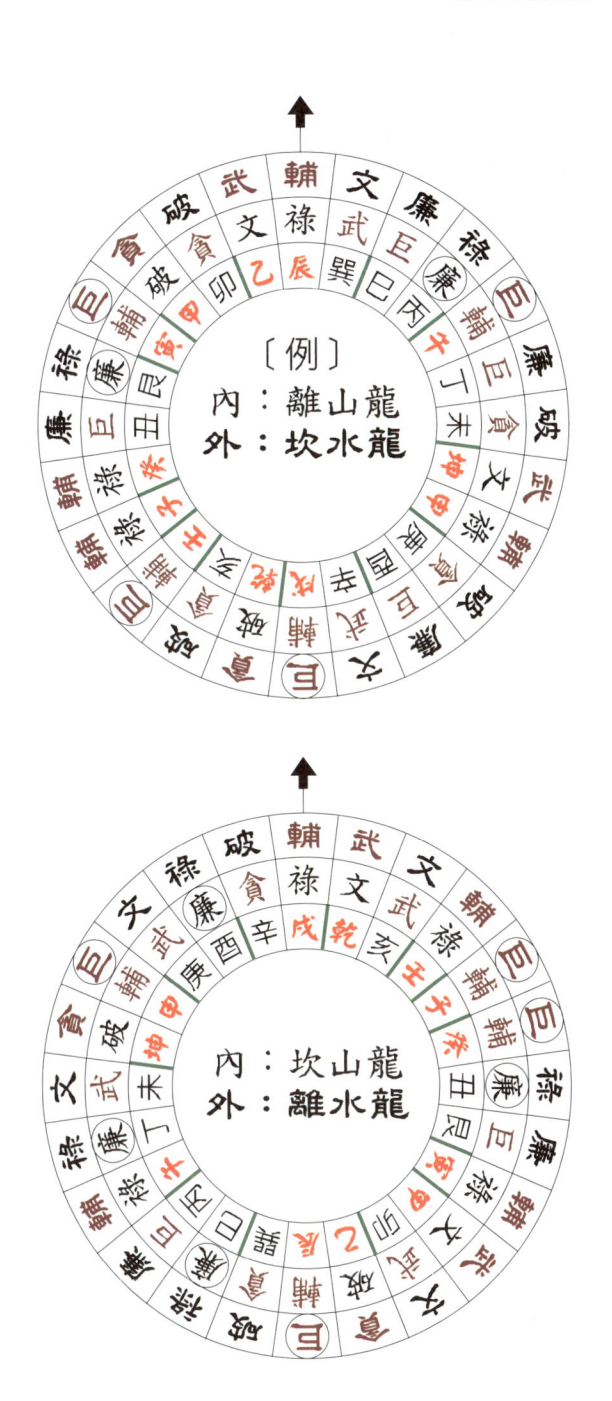

〔例〕
內：離山龍
外：坎水龍

內：坎山龍
外：離水龍

〔例〕
內：兌山龍
外：震水龍

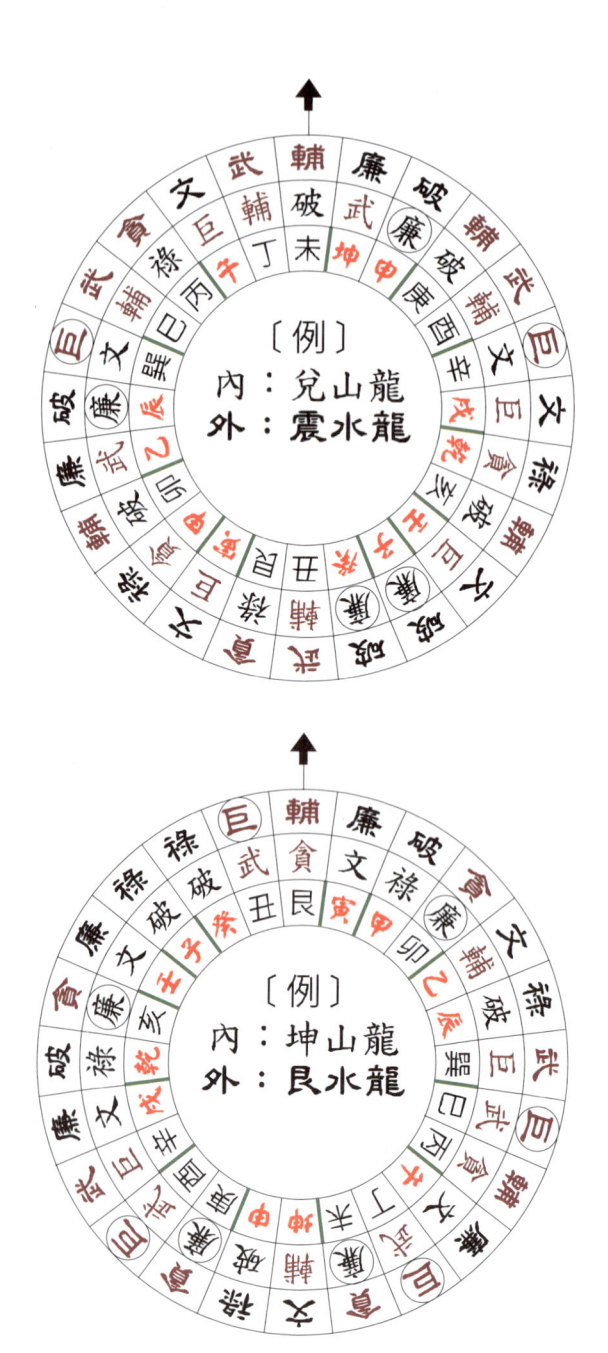

〔例〕
內：坤山龍
外：艮水龍

三合地理。……主論水法。

● 〔**三合地理**〕主論水法,〔**三合水法**〕不用正針,乃是使用〔**天盤縫針**〕,論立向〔**雙山五行**〕,共有12向:〔**壬子、乙辰、坤申**〕,〔**雙山五行**〕屬〔**水局**〕;〔**癸丑、巽巳、庚酉**〕,〔**雙山五行**〕屬〔**金局**〕;〔**艮寅、丙午、辛戌**〕,〔**雙山五行**〕屬〔**火局**〕;〔**甲卯、丁未、乾亥**〕,〔**雙山五行**〕屬〔**木局**〕。

〔旁註:故而三合主論**四大局**納水〕

● 察向首之〔**雙山五行**〕局,以〔**天干的陰陽**〕來定順逆起長生,依〔**長生、沐浴、冠帶、臨官、帝旺、衰、病、死、墓、絕、胎、養**〕的順序排列在地支位上。

〔旁註:**寅申巳亥**,乃**甲丙戊庚壬**五陽長生之地,順數。
　　　　子午卯酉,乃**乙丁己辛癸**五陰長生之地,逆數〕

● 〔**養、生、冠帝、臨官、帝旺**〕,來吉去凶,宜收來水;〔**病、死、墓庫、絕、胎水**〕,去吉來凶,宜出水去水。〔**沐浴水**〕,來去皆凶;又一說宜去不宜來。〔**衰水**〕,來去皆吉,又一說宜去不宜來。

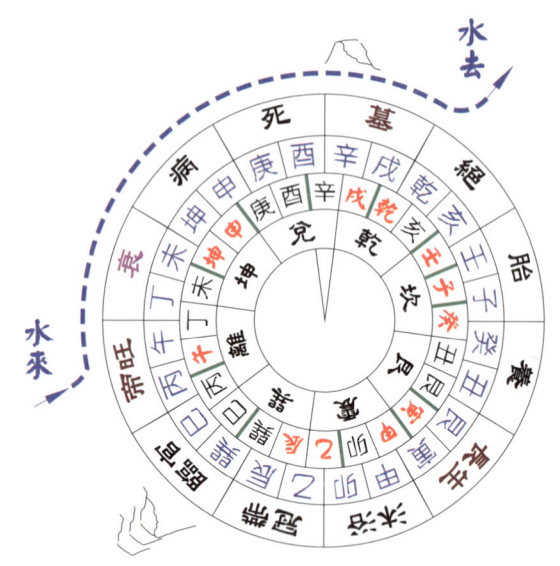

火局墓向絕流〔辛向〕

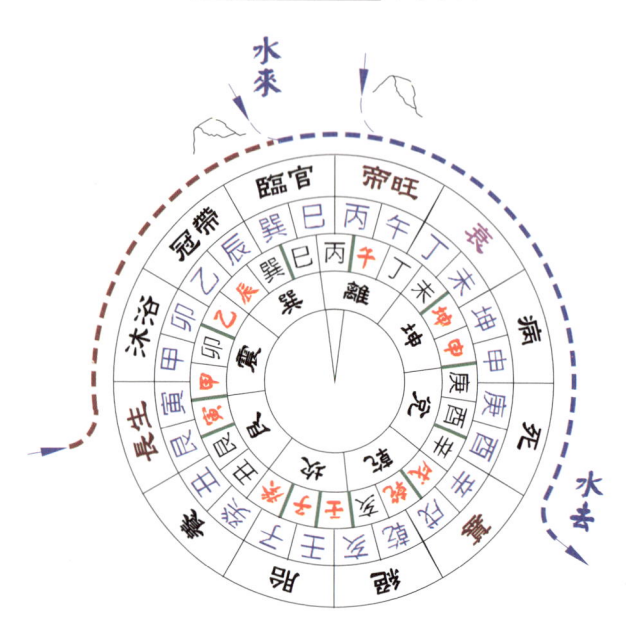

火局墓向墓流〔丙向〕

堪輿理氣概述　025

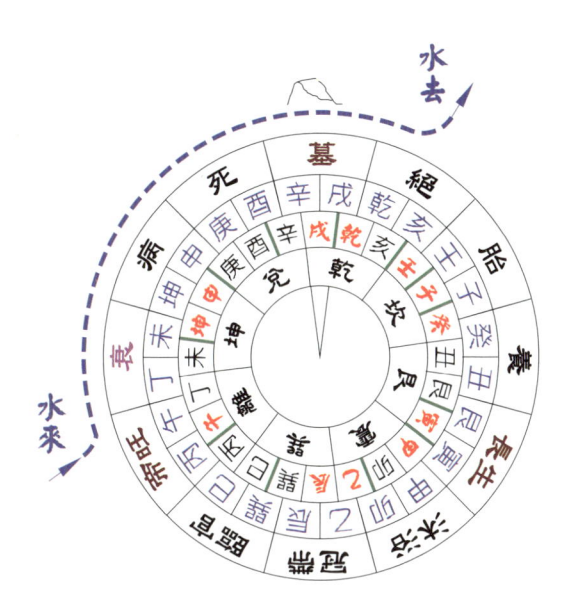

火局墓向絕流〔戌向〕

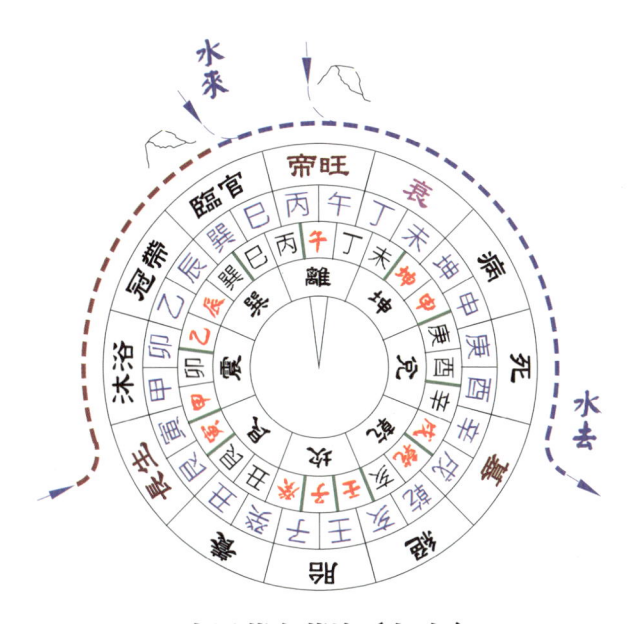

火局墓向墓流〔午向〕

026　九運陽宅透析

水局墓向絕流〔乙向〕

水局墓向絕流〔辰向〕

水局墓向絕流〔壬向〕

水局墓向絕流〔子向〕

龍門八局。……龍門水法。

- 〔**龍門水法**〕乃以〔**坐山卦**〕為基準,用〔**八卦龍門遁局法**〕演繹出不同之卦局,論來去水之吉凶。綜觀其所遁卦局共有八局,因此稱為〔**龍門八局水法**〕,或簡稱〔**龍門八局**〕或〔**龍門水法**〕。
- 觀其卦局,乃由所謂〔**八大水**〕組成,〔**八大水**〕即是:〔**先天水、後天水、案劫水、天劫水、地刑水、賓水、客水**〕,以及〔**輔卦水**〕;因之又稱〔**八大水法**〕。
- 八大水所分佈的卦位,其中除正前方為〔**案劫位**〕,案劫兩旁的卦分給〔**天劫**〕和〔**地刑**〕是固定的之外,其餘的卦位,則依坐山有有所不同。實務上論水法時,其實不僅只有八大水,還要論及〔**正竅位、庫池位**〕,以及〔**三曜煞**〕……等等;總之,以各卦位的來去水論吉凶禍福。
- 此水法的精義,在於〔**收先天水論丁、收後天水論財**〕,故亦稱〔**先後天水法**〕。論丁財之外,論貴則須看出水的〔**正竅位**〕,〔**正竅位放水法**〕就稱為〔**中天水法**〕。
- 先天主丁、後天主財,再加上一個論貴的〔**中天水法**〕,三者合一,於是又有名目為〔**財丁貴全備水法**〕,或稱〔**三天水法**〕。

〔旁註:**龍門八局水法**,主要出處就是《**乾坤國寶**》;查察該冊,實際為術士之雜燴筆記。龍門水法實際是以**先後天八卦對應**為主軸;論**地命**而不涉及天運。在《**乾坤國寶**》內,後段加上三元九運之論,完全與

龍門八局無涉，實是術士偽託，卻自謂**正三元地理、財丁貴水法**，可哂！〕

◎龍門遁局 乾卦局

堪輿理氣概述　029

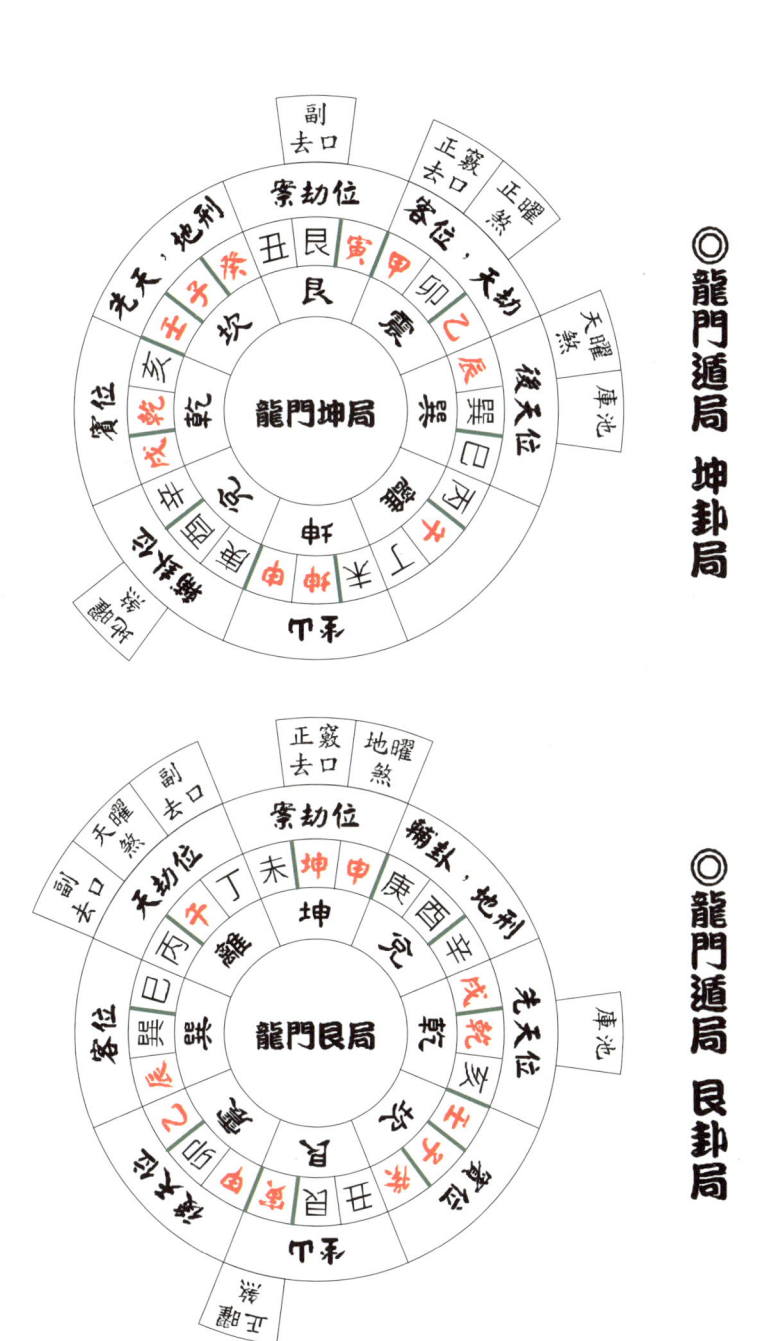

◎龍門遁局　坤卦局

◎龍門遁局　艮卦局

030 九運陽宅透析

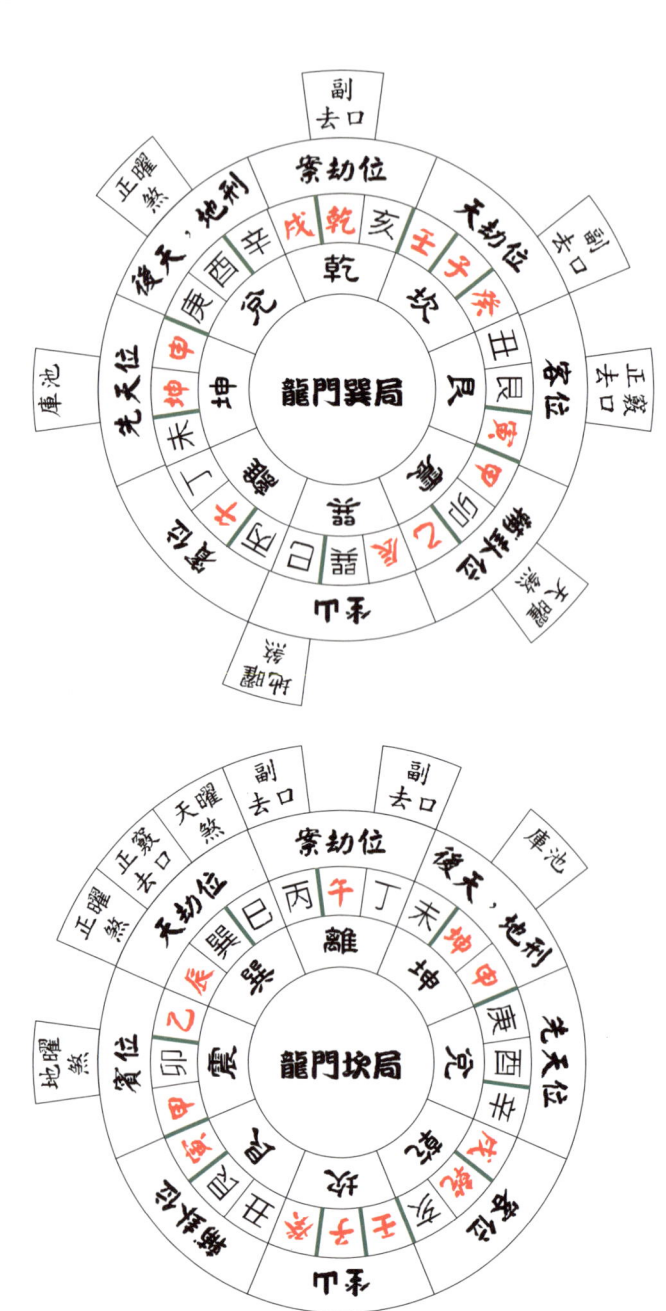

◎龍門遁局 巽卦局

◎龍門遁局 坎卦局

堪輿理氣概述　031

◎龍門遁局　離卦局

◎龍門遁局　震卦局

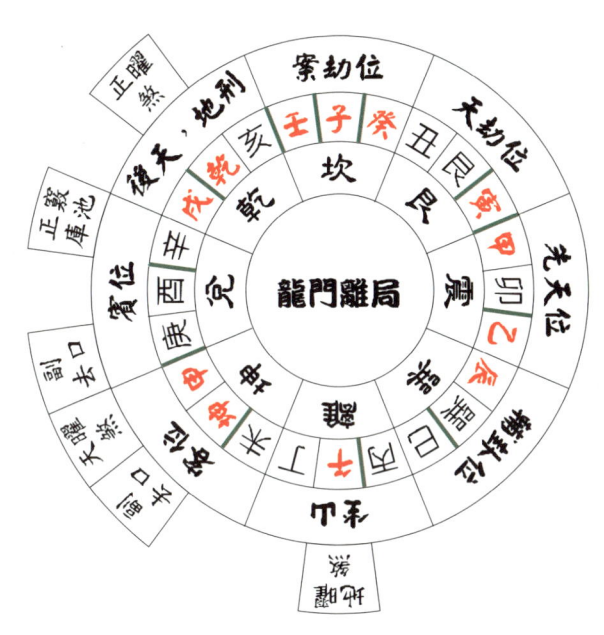

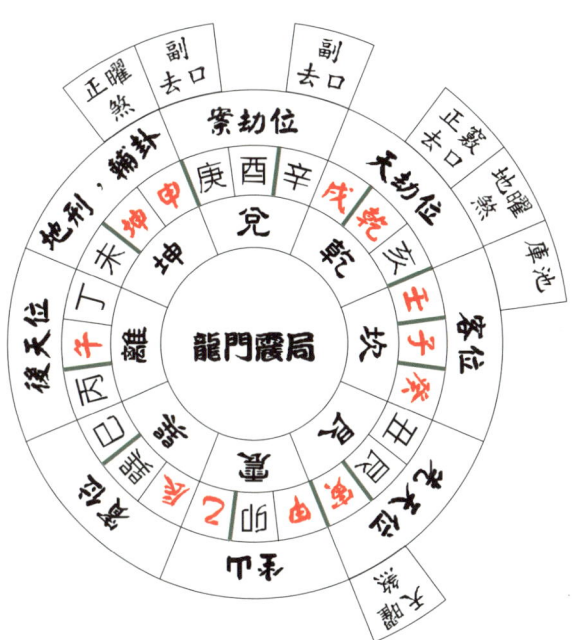

◎龍門遁局 兌卦局

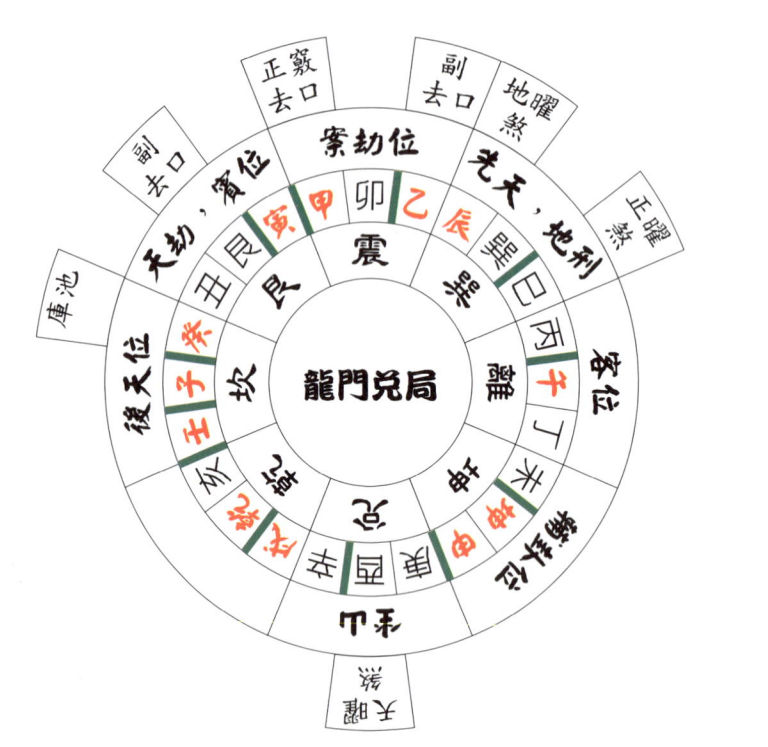

〔時運為主軸的風水術〕

◎〔**時運為主軸**〕之堪輿，主論〔**宅墳興衰的道理，在於空間方位的吉凶依元運時間而運轉**〕，時當旺運則旺丁發財升官，運過則恢復平凡，甚或丁衰散財。時運之論，主軸就是〔**三元九運**〕。

後天八卦與洛數

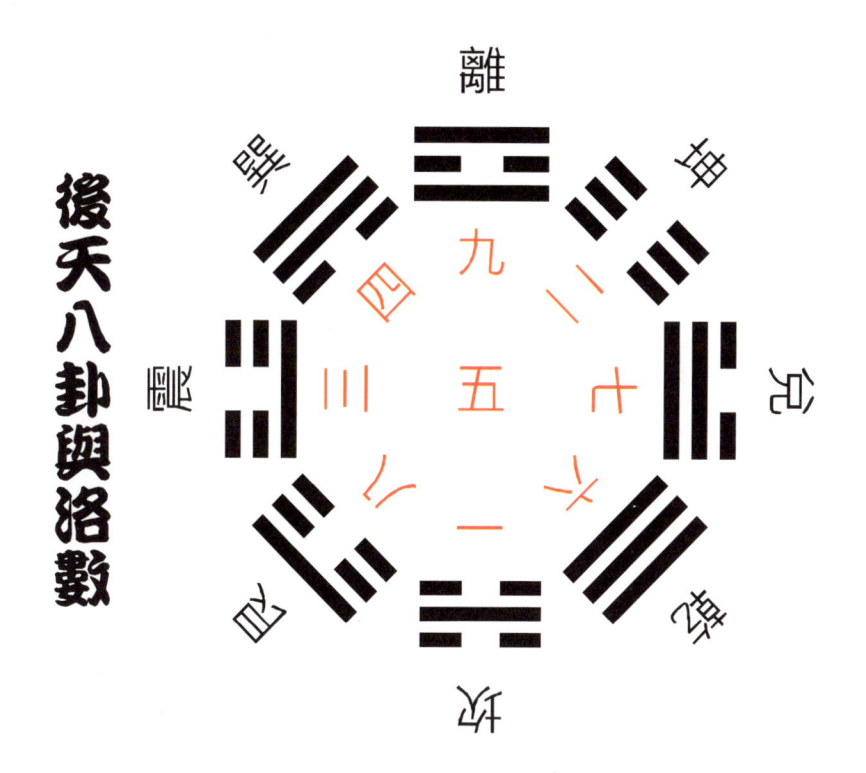

◎〔三元九運〕，以一甲子60年為一元，是為〔元運〕，歷〔上、中、下〕三元，60年×3元＝180，三元共掌管180年，則上中下每個元運各管60年。各元又自分3個小運，各運掌管20年。如此三元合計有9個小運。

◎將洛書的〔一白、二黑、三碧、四綠、五黃、六白、七赤、八白、九紫〕等九星配入九運，就成為：〔1白、2黑、3碧〕運屬上元，〔4綠、5黃、6白〕運屬中元，〔7赤、8白、9紫〕運屬下元。

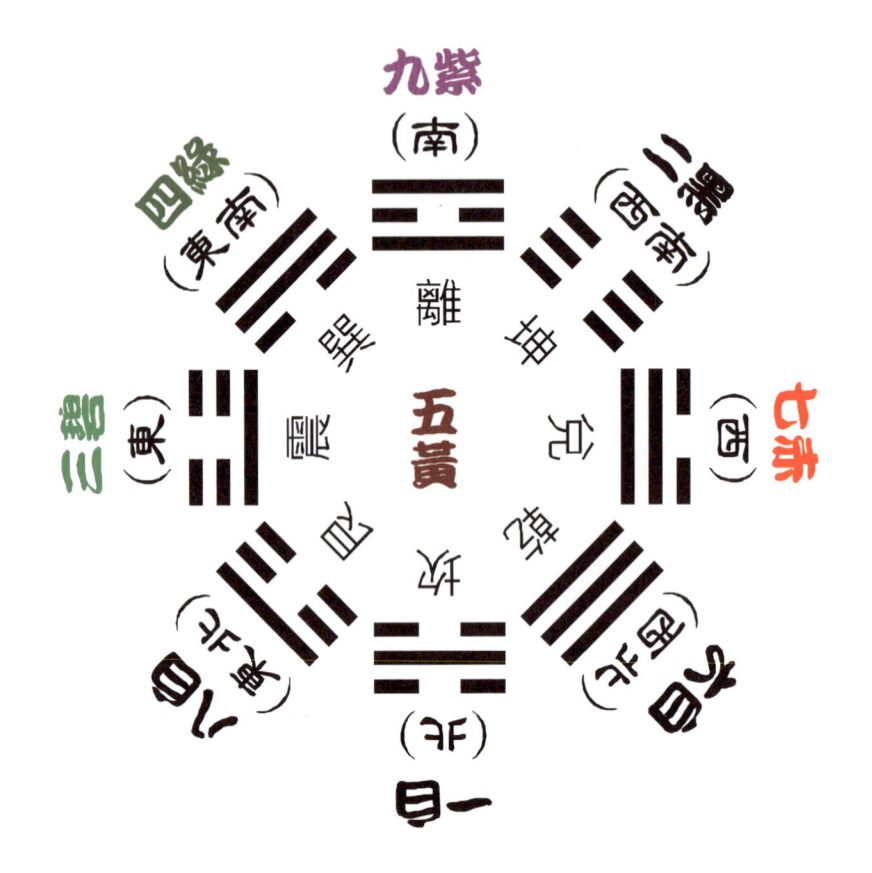

◎根據曆書推算，最近的三元九運，從清同治3年開始，到民國132年，亦即〔**西元1984年到2043**〕。民國113年～132年，亦即〔**西元2024年到2043**〕，是為〔**下元9運**〕，或稱〔**九紫火運**〕。

〔旁註：2024年，歲次甲辰；2043年，歲次癸亥〕

◎〔**三元九運**〕的時運的旺衰以洛數推衍。從洛書的架構可以看到五數在中間位置，為四方所拱之君位；也由於身處中極位置，始能眼觀四面、制臨八方；因此，只要五數所臨即是正運旺方；而其對方即是正衰方。五數既然代表旺氣之方，然洛書五數居中而沒有方向，又要怎樣分辨何運何方為旺呢？這就要運用到洛書的飛星軌跡了。以下元9運為例，9數入中逆向飛佈，5數飛到離卦方，則離方9運當旺。詳言之，西元2024～2043年是下元9運，屬於離卦，離屬南方，此運旺氣從南方吹向北方。

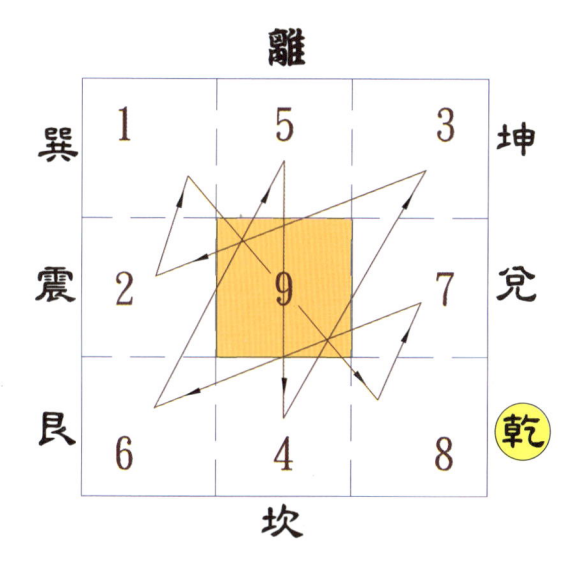

	離	
巽　1	5	3　坤
震　2	9	7　兌
艮　6	4	8　乾
	坎	

◎雖說泛稱〔**三元九運**〕，然實務應用上，中運之〔**5運**〕居中而無方位之論，又該如何分辨分配該運旺衰方呢？務實的作法以〔**前10年寄坤、後10年寄艮**〕，亦即：〔5運〕的前10年旺氣方在坤，後10年旺氣方在艮。此種論法，主要使用於〔**玄空挨星**〕與〔**三元水法**〕；〔**三元納氣**〕則用此法以〔**零正催照**〕來論九運旺衰。

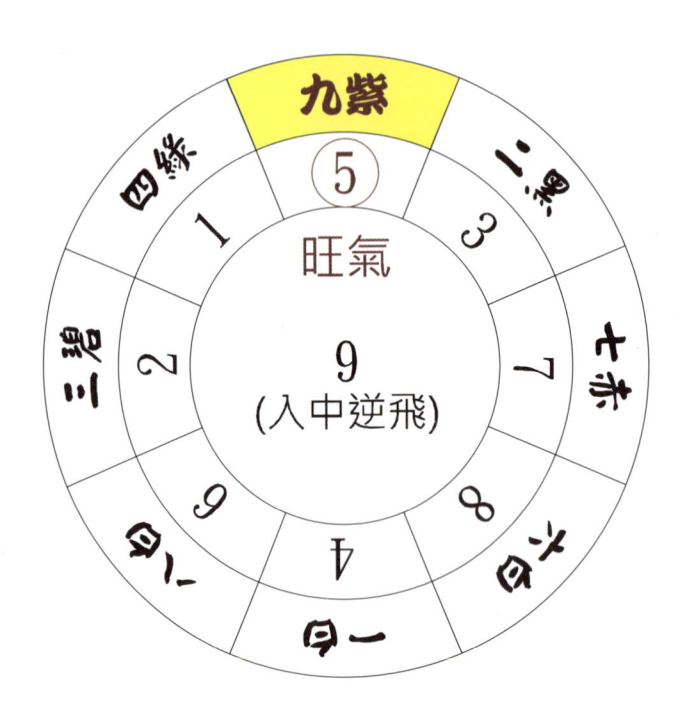

◎九運旺氣方之演繹〔外圈為原始洛書數〕

（圖：九紫入中逆飛，5旺氣，9入中逆飛）

玄空大卦（零正催照）。……零正催照論大區域天運。

- 依九運輪替論各運的〔零正催照〕，主要用來判斷〔**大區域的八方旺衰**〕，最早是評估建都宮室之地；後來發展，亦論〔**陽宅四周山水之旺衰**〕。

- 〔**旺氣來方**〕稱為〔**正神**〕。察〔**洛書數配後天八卦**〕，〔**當運之數**〕臨於何方，則該運旺氣即來自該方，其方即是〔**當運旺方**〕，或稱〔**真正神**〕。例如：洛數之9臨於離卦，則九紫運旺氣從離方吹來，為當運旺氣，離卦之南方即是九運的〔**正神、真正神**〕。正神既是當運旺氣的來方，宜見高山或高屋等嶠星，則旺氣自高而下、漸近漸低，〔迢遞〕歸結到本宅，本宅之承氣厚實，可以為福，故而正神方即是旺山方。

●**當運旺氣方的對面即是零神**。換句話說，〔**零神**〕即在〔**與正神洛數合十之方**〕。例如：九運的〔**正神、真正神**〕既在〔**離9方**〕，其對宮為〔**坎1方**〕，1與9合十，〔**坎1方**〕即9紫運的〔**零神、真零神**〕。水能界氣，若是零神方若是有水，則正神方來的當運旺氣到此而止，因而旺氣停留在我宅之區域。

〔旁註：零神方即是**旺水**方，也是諸書一再強調〈水宜衰方〉或〈水以衰為旺〉的道理〕

●**與正神合五的方位即是照神**。某卦洛數與正神卦位之數相加，其和為5或15，則該卦位為照神方。例如：九運的離方為〔**真正神**〕，離9與乾6相加，其和為15；故而乾6為九紫運之照神。照神和零神之間，有〔**河圖生成**〕之數的關係。例如：9運零神為坎1，照神為乾6，合乎河圖之〔**一六共宗**〕了。〔**照神水**〕因和〔**零神水**〕有生成之義，故以吉水論。〔**照神**〕方有水，亦有阻擋兜收當運旺氣之效；如該方有水，主大發富而小發貴。

●**與正神互成河圖生成之數的方位**，即是〔**催官**〕。例如：九運以離9為〔**正神方**〕，論河圖〔**四九為友**〕，巽4之方即為催官方。催官方有水，亦有阻擋兜收當運旺氣之效；〔**催官水**〕迎未來生氣，主發官貴與旺丁。

038　九運陽宅透析

◎九紫運零正催照

玄空６４大卦。……墳葬依龍水而取坐向。

玄空大卦實用盤

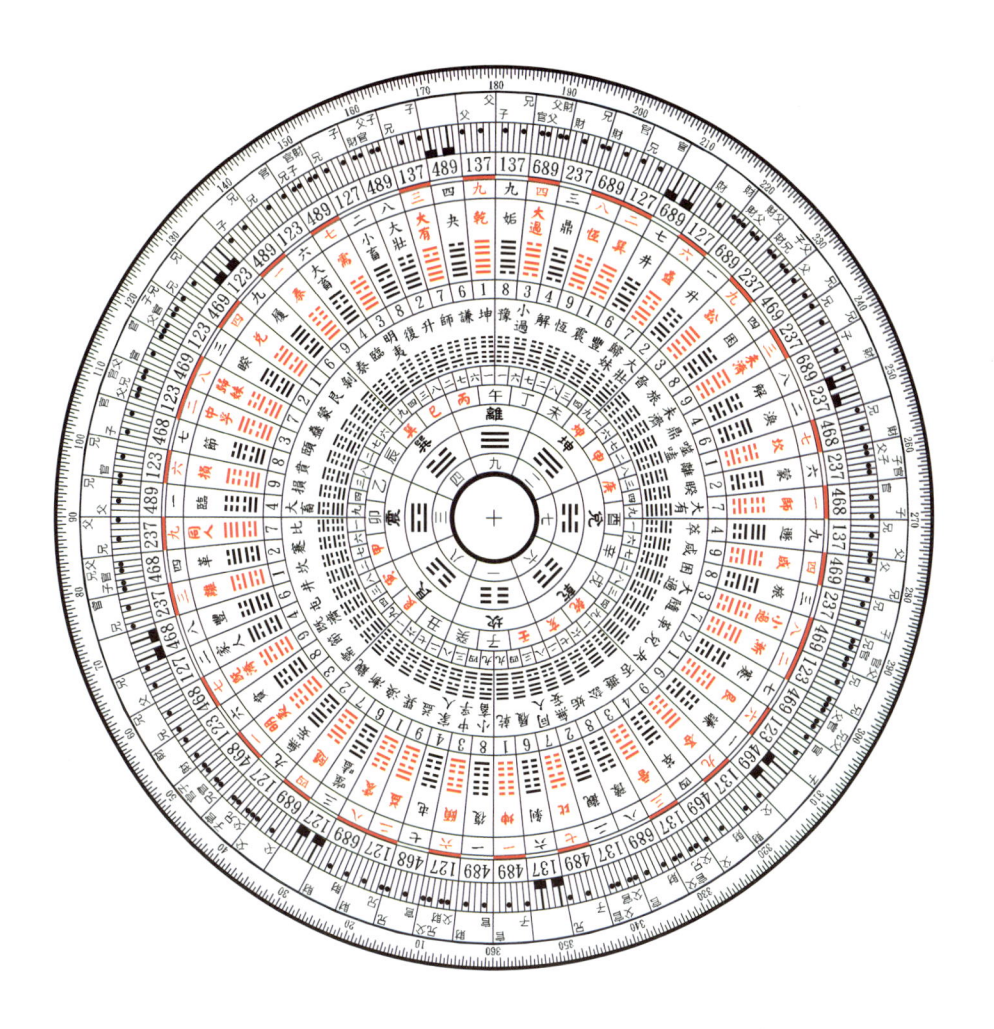

卦氣零正全覽圖（上元）

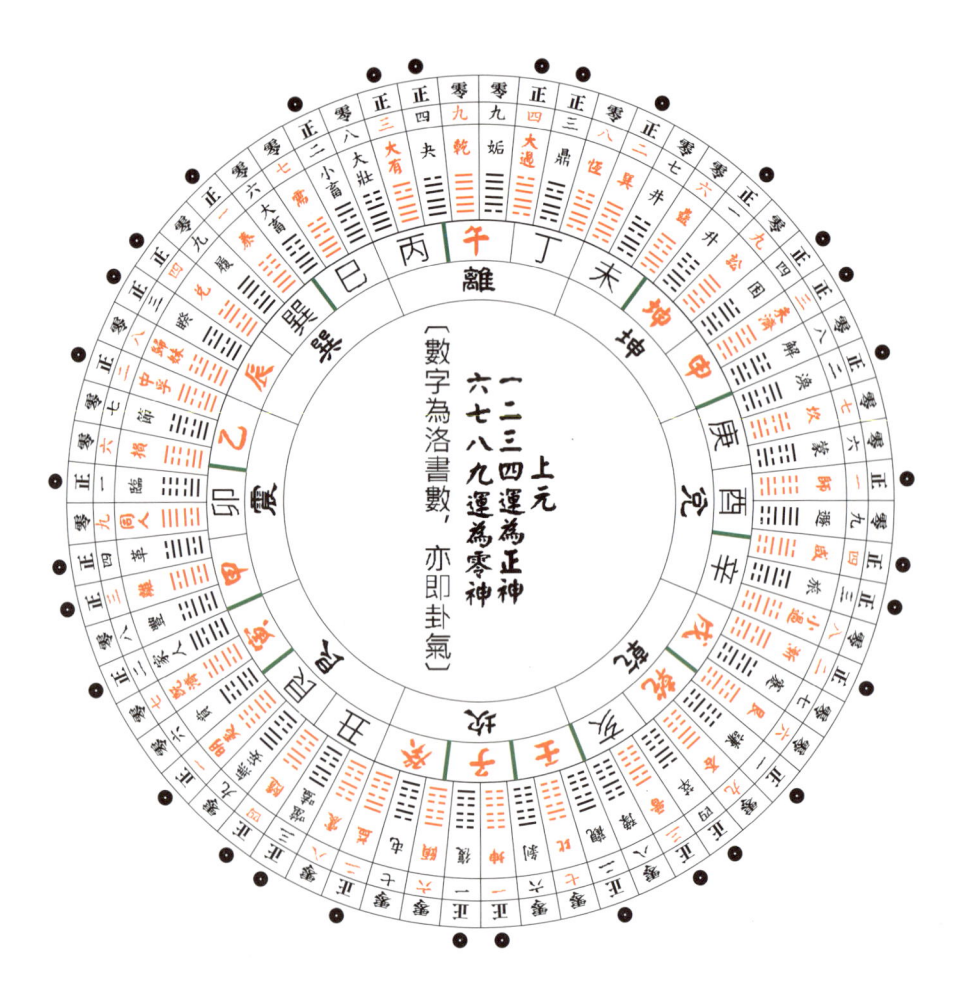

（上元 一二三四運為正神 六七八九運為零神 數字為洛書數，亦即卦氣）

堪輿理氣概述　041

卦氣零正全覽圖（下元）

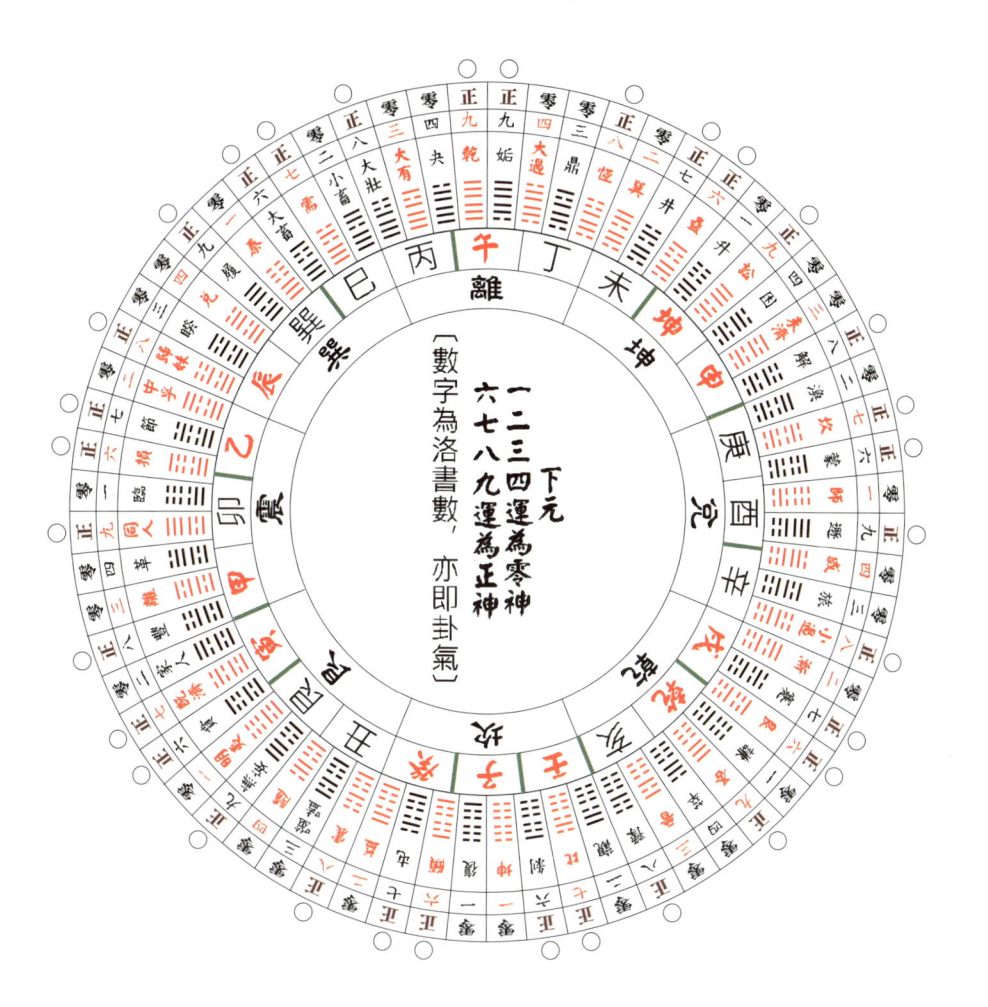

〔數字為洛書數，亦即卦氣〕

下元
一二三四運為零神
六七八九運為正神

- 此派堪輿法，亦稱〔**玄空大卦**〕，唯其論地理之法，乃將宅墳周圍分成64方位，有內外兩層，配上易經64卦；外層為〔**天卦**〕，內層則稱〔**地卦**〕，以方位論〔**卦氣**〕。再加上以〔**二元八運**〕論時運旺衰，此是論〔**卦運**〕。此種立基於易經64卦的〔**玄空大卦**〕堪輿法，就是以〔**卦氣**〕與〔**卦運**〕交互而取論〔**龍山向水**〕。
- 〔**玄空大卦**〕堪輿法，論龍山向水的〔**卦氣**〕配合，必要合乎〔**陰陽對待**〕、〔**雌雄交媾**〕，具體實務來說，就是所謂的〔**父母三般卦**〕；至於〔**卦運**〕的配合，就分〔**零正**〕，亦即〔**江東卦**〕與〔**江西卦**〕了。
- 此種地理法，實是針對墳葬依實際山水而取坐向。

〔旁註：此門也有零正之運用，亦多稱**玄空大卦**；
　　　　但易與主論**零正催照**的**玄空大卦**混淆，
　　　　故而加上64卦之標題〕

玄空挨星。……專論天運移轉。

- 〔**玄空挨星**〕專論〔**天運**〕，以當令運星入中順飛，八方所飛到的〔**運星**〕即是在此運內所分佈到的氣息，此種作法即是〔**天運的轉移**〕；排佈出來的〔**運盤**〕，即是該運之〔**天運磁場**〕。
- 例如：今為九運，以〔**九數**〕入中，乾方飛到一、兌方是二，三到艮、四到離、五到坎、六到坤、七到震、八到巽；如此構成九紫運之〔**運盤**〕，或稱〔**天盤**〕。

●接著以坐向各依天運移轉後的廿四山陰陽順逆飛佈，〔**坐山**〕排出來的叫做〔**山盤**〕，主看人丁旺衰；〔**向首**〕排出來的叫坐〔**向盤**〕，主看財氣盛衰。

●然後依照實際的山水形勢而移形換步，讓〔**山盤**〕的〔**生氣**〕和〔**旺氣**〕排到山峰或高亢處；〔**向盤**〕的〔**生氣**〕和〔**旺氣**〕就排到聚水或水口或低窪處，同時把〔**山盤**〕的〔**衰死氣**〕星辰排到聚水，或水口，或低窪處，這個操作就被稱作〔**收山**〕。同樣的操作，把〔**向盤**〕的〔**衰死氣**〕排到山峰或是高亢處，就叫做〔**出煞**〕。〔**玄空挨星**〕即以〔**真實山水**〕所飛臨到的〔**山星**〕與〔**向星**〕綜合來論斷宅墳的吉凶禍福剋應。

〔獨白：玄空挨星的盤局，依坐向之正偏，又有下卦與替卦之盤局，既繁且複，難以羅列說明。事實上此法乃以實際山水論宅墳之時運，並不適用於現代陽宅之六事安排。在此僅取下卦二局，聊予解說〕

◎九運壬山丙向下卦挨星盤〔說明例〕

運星 → 九四
山星 → ５
向星 → ３

堪輿理氣概述　045

◎九運酉山卯向下卦挨星盤〔說明例〕

運星
山星
向星

筆 記 欄：

陽宅地理闡述

〔陽居導論〕

◎〔**堪輿**〕者,堪天輿地,又稱〔**風水**〕,乃察山川之氣而取宅墓吉凶。昔時的陽宅,固有宏偉宮室,然俱是佔地寬廣、庭園情趣,高度相對於佔地,事實上亦屬低矮;身居其中,仍是直接沐浴天然山水、吸收自然氣息。至於民間陽居,〔**山谷之宅**〕、〔**曠野鄉居村落之宅**〕,多見單家屋簷、一屋一室;甚至都會常見一串相連的〔**井邑之宅**〕,亦是前後通氣,不離自然山水氣息。此類陽居之論堪輿術,事實上與墳墓無異。

〔旁註:墳墓之論,主要以屍骨感應山水氣息。人們只要站在墓龜之上,環顧四周,八國山水盡入眼簾,收納何種氣息、感應何事,鉅細靡遺〕

◎昔時陽宅,既是多見一屋一室,即如三合院或四合院之型式,或井邑相連之宅,俱多開窗即見外界真實山水,面對之外界景物不同,感應不同氣息,吉凶各異。唯其作用與墳墓之於山水事實上並無不同,因此之故,昔時堪輿術乃陰陽一體運用,〔**內氣外氣**〕差別不大。

〔旁註:既是多見一屋一室,開窗亦是直納外氣,內氣外氣一體,感應直接來自大自然山水〕

〔旁註：昔時陽宅多單家簷屋，即或有大宅院，亦是獨立於真實山水之中，堪輿理氣與陰墳實一理同推，其中的差別只在陽宅無枯骨感應的因素，全憑卦理定之罷了。〕

◎昔時堪輿術既是面對真實山水，且陽宅陰墳規模相近，自是〔**陰陽一體、宅墳同論**〕；然時空不同，現代陽宅與往昔〔**單家院落**〕形勢大異其趣，且科技影響環境、環境影響人文，人們處世亦是不同；現代陽宅面對昔賢流傳下來之〔**陽宅術**〕，亦是不能照單全收。

〔旁註：即使論墳葬，亦因環境丕變，現代已少土葬，多是直接火化而入塔，難得見到單墳承氣〕

（曠野鄉居）

〔旁註：昔時山居僻野，多小型獨立家屋，且傍山而居；今日則多祖厝擴大重建，或富豪的山中別墅，其佔地或許較為寬大或改成樓房，然其層數不多，其堪宅法今昔差距不大，俱以**單家簷屋**論之〕

〔獨白：此類陽宅既是傍山而建，屋前必有納氣明堂；屋前門窗乃是主要納氣口，所納即是向方之氣。屋後山坡來龍近宅，即有擋氣蓄氣之功。屋後的門窗所納乃前方來氣之迴旋；若是左右有龍虎貼近，則全宅俱是沐浴於向方外氣〕

（單家簷屋）

（傍山三合院）

（平野三合院）

(現代村落)

〔旁註：現代山居或平原或有村落，或見農舍；建築本體或仍是三合院形式，或改建成獨棟樓房；然到底四周明見山水、外氣通達，論斷與往昔無異〕

(現代農舍)

〔旁註：近代都市住宅，已經脫離昔日村落的型態，很難直接面對江河真水，每一單位住宅舉目所見，俱是穿梭馬路以及櫛比鱗次的高樓大廈；論宅就以四周環抱之高樓為砂、馬路為水，**陽宅即坐山論來龍，坐山與來龍同位**〕

（現代大廈住宅）

〔旁註：現代都會住宅，更有朝**集中式住宅**發展之趨勢；即大樓比鄰、逐層分居，甚至同一樓層中排列多戶、分居四方；此種住宅窗外面對的方隅、景觀差異甚大，甚至有些住戶開門僅見對門或電梯；種種感應不同，吉凶自異〕

（現代集合式住宅）

輔星水法。……

- 〔**輔星水法**〕的基本法門，站立宅墓之前，直接以可見之〔**去來水口之陰陽**〕而論納氣吉凶，不見則不論。

- 論陰墳，術者可以站在墓龜之上、環顧四周八國山水；若是曠野或山區單簷茅屋，佔地狹小，亦屬低矮，站立屋前亦可一覽周圍無遮，各處來去水口亦一目了然。

- 現代陽宅多集合式，且往高處發展；即使單棟獨樓，亦屬高樓；站立屋前極目，亦不見屋後水口。現代陽宅之接受外氣，就僅屋前所見水口路口直斷吧！

〔旁註：以丁山癸向庭院房舍為例，屋前是高速路自左來至右去，出街大門之設立，首先基於形家收來水水頭的概念，宜開龍門；再以輔星水法選取吉星開門。宜開巨門壬或子癸輔弼門，或貪狼乾門〕

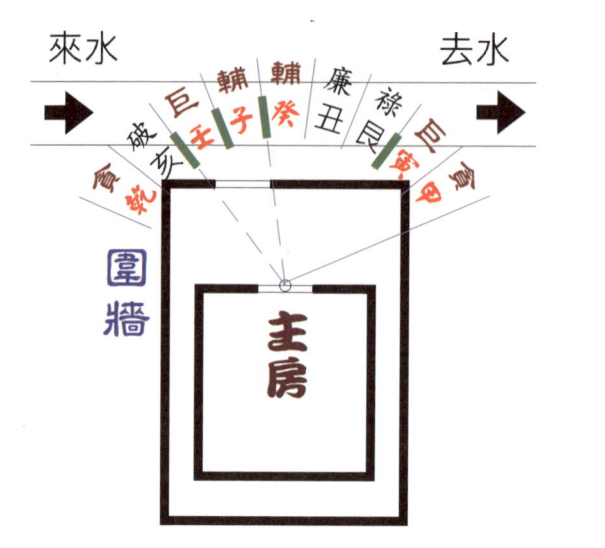

◎丁山癸向開門例

●若論內宅納氣,逕以屋室立極,以門窗為水口,直接以〔**房門、窗口**〕逕取廿四山陰陽論吉凶吧!

〔旁註:子山午向坎宅,左側某房,以房間中心立極;房門開**坤、申**入室,房門相對之屋左為空地;**乙、辰、寅、甲**俱宜開窗,以通外氣〕

◎子山午向,房間門窗例

三合水法。……

- 〔三合水法〕本著眼〔陰墳〕,且必須見〔真實水光〕相應,更以〔水動氣先〕而用〔天盤〕論〔水口去來〕之吉凶,根本不能應用於現代陽宅。

劉賁按:此法門乃是過時之物,束之高閣可也!

龍門水法。……

- 〔龍門水法〕主軸在取〔先天、後天〕來水過堂而出。然察〔龍門八局〕,其〔先後天位〕不見得都在宅前,以現代陽宅的結構與環境,站立屋前經常看不到屋後水口;若非處於〔曠野山坡、佔地寬廣〕之單家簷屋,不是收不到先天水就是不收後天水;若從〔龍門水法〕的理則,現代人財丁不能兩全,此理有虧。
- 〔龍門水法〕的〔離、巽、坎〕等局,〔後天位〕與半卦的〔先天位〕,在屋前可見;而〔乾、坤、兌〕等局,則是〔先天位〕與半卦〔後天位〕,在屋前可見;應察實際山水環境,是否可見真實水光,斟酌輔助論〔地氣〕。
- 現代陽宅通常難以實務應用〔龍門水法〕,能用者少;**務實地說,此法亦可束之高閣。**

◎陽宅之論〔天運〕,其理論的主軸,即是〔氣隨運轉〕;諸家理則雖然相同,然對易理解釋不同,則術法自異。主要學派有〔零正催照大卦〕、〔易經派大卦〕，以及〔**玄空挨星**〕。這些法門俱是源於墳墓之葬，著眼的是真實山水對屍骨之醞藏化氣；現代陽宅環境丕變，應用時自須有所取捨。

易經派玄空大卦。……墳葬依龍水而取坐向。

●此種地理法，實是針對墳葬依實際龍山向水而取坐向。其法乃將宅墳周圍分成64卦，以〔**卦氣**〕配〔**卦運**〕，交互而論〔**龍山向水**〕之〔**陰陽對待**〕、〔**雌雄交媾**〕。此法實際上是為〔**山區、鄉野**〕葬墳而設，必要明取〔**來龍**〕與〔**水口**〕，甚至亦須明見〔**水光**〕方論。

劉賁按：

◎近代之住宅，多見鋼筋結構之高樓大廈，其內單位櫛比鱗次，既難面對真實山水，且磁場紊亂，論廿四山已難定針，遑論六十四卦？陽宅理氣事務上，術者多已捨棄〔玄空大卦〕而專就其他理氣，亦是務實之作為。

◎2019年，山西大同之旅，曾與來自四川之道友交流。他是開館的職業風水師，特別飛到山西一晤。他對我說：〈對於高樓住宅，玄空挨星用起來很一般；玄空大卦的效果非常好！只是我分不清來水或去水。例如說，站在電梯前，左右各有一個通道口，如何分辨哪一條是來水或去水？〉。

我說：〈那就看氣流吧！何妨在兩個通道口點支香菸，看煙往哪兒飄，飄向電梯就是來水……〉。

劉貢事實上並無自信精準的把64卦運用於現代陽宅；自然此書對此應用之敘述付之闕如，讀者明察。

玄空挨星。……專論天運移轉。

- 〔**玄空挨星**〕專論墳墓四周真實山水的〔**天運**〕旺衰。雖亦有人導入陽宅並做驗證，然其例證皆在五運，其時樓宇多不過三層，且皆街道外氣之論；以實務來論，街道不見水光，車流亦是交代不明，難言真正準則。
- 近年雖有術士將其理論導入陽宅內六事，然其理仍難脫〔**建造起運**〕之窠臼，隨之則〔**卦氣**〕配〔**卦運**〕顯得虛無縹緲；尚且現實陽宅的內路到底不比街道之氣動，又無水光之強映，說理既牽強、例證又少，難以取信。

劉貢按：

◎這個地理法的最大問題，在於他是以墳宅建立時的元運為基，氣隨運轉，每過一運則八方氣運俱變；事實上，一運20年，現代人事變遷迅速，屋主根本難以確認起造時運；加上現代樓宇高聳，單位住戶根本接不到街水；欲專注宅內六事之配置，此系統亦難提供完整論述。

◎此門雖亦有零正與太歲之說，然其到底是偏執建造起運20年旺衰之理論；新的時代，面對新環境，世俗財官訊息萬變；面對新事物，實際已相形見絀、難以因應。

零正催照大卦。……三元納氣理則。

- 〔**零正玄空大卦**〕本昔時專論〔**大地氣息**〕八方旺衰、並評估建都城宮室之地的學問。法以〔**洛書配後天卦**〕，〔洛數〕即是〔**當運之數**〕，察其臨於何方，則該運旺氣即來自該方，其方即是〔**當運旺方**〕，或稱〔**真正神**〕。

- 例如：2004～2023年是下元8運，屬艮卦，為東北，旺氣從東北吹向西南。可以見到〔**中原**〕東北方的北京與韓國是多麼風光與旺發。2024～2043年為9紫運，屬離卦，旺運自屬南方；中原南方的大太極，可以陸地延伸至印度洋，想來當是印度與東協受惠。

●又以〔上下二元〕論〔零正〕，下元〔6、7、8、9〕運，除〔9紫離方〕為〔真正神〕之外，〔6白乾、7赤兌、8白艮〕俱屬〔正神〕旺方；相對的〔1白坎、2黑坤、3碧震、4綠巽〕就是屬於衰方。陽宅的具體應用，就在〔阻隔衰氣〕而〔承迎旺氣〕了。

〔九紫運〕零正分佈

〔**現代陽宅納氣闡述**〕

◎陽宅既論〔地命〕與〔天運〕。〔天運〕說主論〔納氣〕，所納實屬天空流行之氣；〔地命〕之論，雖言宅第〔固定方位〕之〔地靈〕，然究其理，仍是感應與沐浴地氣，稱為〔納氣〕之學，亦是合理；只是與〔天運〕對照，一則取〔地氣〕，一則取〔天氣〕而已。

◎堪輿地理之法，首要必先〔**立極**〕，亦即〔**判別坐向**〕。陽宅納氣立極之法，整座陽宅論〔**大太極**〕，乃以整座陽宅與外界大自然接觸最大的〔**納氣口**〕為面向。整座陽宅定向時，即以該面向之中心點下盤立極。

坐向判別。……整個陽宅立盤定向，並論納氣。

● 昔時陽宅結構比較單純，幾乎都可以定調〔**以主房正面大門牆面為向**〕，自然入門後之對向底端方位就是座。

〔旁註：傳統住宅，包括單家簷屋、三合院、四合院、低樓層透天厝，以正面大門直收宅外山水納氣〕

● 街市通衢陽宅，以〔**大馬路、人車最多、光線最強、地勢最低而水流向**〕的一邊，是為〔**陽面**〕，亦即聚氣之處所，其方最宜開門、收納其氣，並以之為向。

●寬大宅第或大樓若是多面向開門,以最大之門為大門,並以之論向。最宜以總出入人口最旺之門為〔**總門**〕,並以之為向。自然商務大樓,以最大最旺的門為向。

〔旁註:高樓大廈之單位住戶,猶如山居,山高水深,街水猶如深谷澗水,既不見水光又接觸不著,遂以各戶接觸外界最大之**陽台落地窗**立盤定向。若非氣口面對嶠星,僅論方位衰旺氣息〕

(大樓住戶面向)

（大廈住戶面向）

◎既言地理即是〔**納氣**〕，則陽宅所納之氣又有〔**外氣**〕與〔**內氣**〕之分。素稱〔**外氣**〕者，實則宅外大自然山川之氣，此〔**天然之氣**〕籠罩全宅，主全宅之吉凶悔吝。又有〔**內氣**〕者，即是宅內活動之氣息，以人為本，主一屋或一室居人之健康與運勢。

〔旁註：**外氣**，指地面氣流流動或聚集的地方。若論大地交會，兩河交會之三叉口，或湖池，或農田，俱是外氣聚集之處；都市內包括屋外大街、廣場、操場、

車站、停車場、活動場……等等〕

〔獨白：陽宅開口之外，總必須是氣息聚集之所，方有納氣之作用。例如大門之前有明堂，明堂即是聚集外氣的地方。若開門之方閉塞，則無納氣作用〕

〔旁註：所謂的納氣，嚴格說起來，其實就是呼吸，藉由人車之帶動，從納氣口吸入外部清氣，並將內部廢氣呼出外局。**納氣門，即指和外氣直接接觸的門，也就是吸納外氣的開口**。例如某大廈樓下總出入口面對大街，該總出入口即是該大廈的大門，也就是**納氣門**。但若該大廈之總出入口並不直接臨街，在其出入口之外還有圍牆，必須通過圍牆開口，方進大街，則該大廈總出入口就不論納氣門，而必須以圍牆上之開門為納氣門了。又若大樓圍牆外不是大街，而是一條死胡同，必須經過胡同口才能進入大街，那麼又必須以胡同口為納氣門了。注意！假如是兩頭相通的巷子，該巷子仍是外氣，大樓圍牆門仍是納氣口〕

〔旁註：外界山川風水之納氣，經由大門、窗戶、陽台而入宅，通常就是以大門或陽台為立極點〕

〔旁註：內氣既是以人為中心，則居者經常活動之位置，就是太極點，通常就是一宅一室的中心點。又有隨間論間，以神位、灶位、床頭、沙發、書桌或辦公桌置盤立極，察門窗之納氣〕

◎陽宅居人，門氣口猶如人體之口鼻，所納之氣對居人之〔**健康、家庭、婚姻、事業、財運**〕均有影響；只是〔**外氣**〕來自大自然，氣息純粹渾然，其作用力比迂迴轉換之後的〔**內氣**〕作用來得強。若要細分偏執，則〔**外氣**〕主要影響〔**事業與財運**〕；而〔**內氣**〕著重影響〔**家庭與婚姻**〕。

外氣。……
● 凡屋宅與大自然直接接觸，經由氣口引領入宅之氣。
〔旁註：最直接的說法，就是外界山水原始氣息〕
● 外氣氣口，一般陽宅就是透空、接觸外界的〔**門、窗**〕。
〔旁註：透空，立處必須見天光，不見天光則無氣至〕
〔旁註：以門或窗為立極點，前方90度範圍內，若見空缺，則該開口即有引氣作用，論為氣口〕
● 有庭院圍牆之宅，圍牆之外方屬原始大自然，庭院大門方是接納〔**外氣**〕的〔**氣口**〕。
● 外界若是空曠見天光，則以氣口直收該方之外氣；但若是高樓嶠星、道路或水流，就可能改變該方氣息，氣口所納之氣自然不同。

◎內外氣口說明例圖

（陽台）

（外氣口）

（房間）

〔內氣口〕

〔內氣口〕
樓梯

〔內氣口〕

門

（外氣口）
窗

← ─ ─ 街道或流水

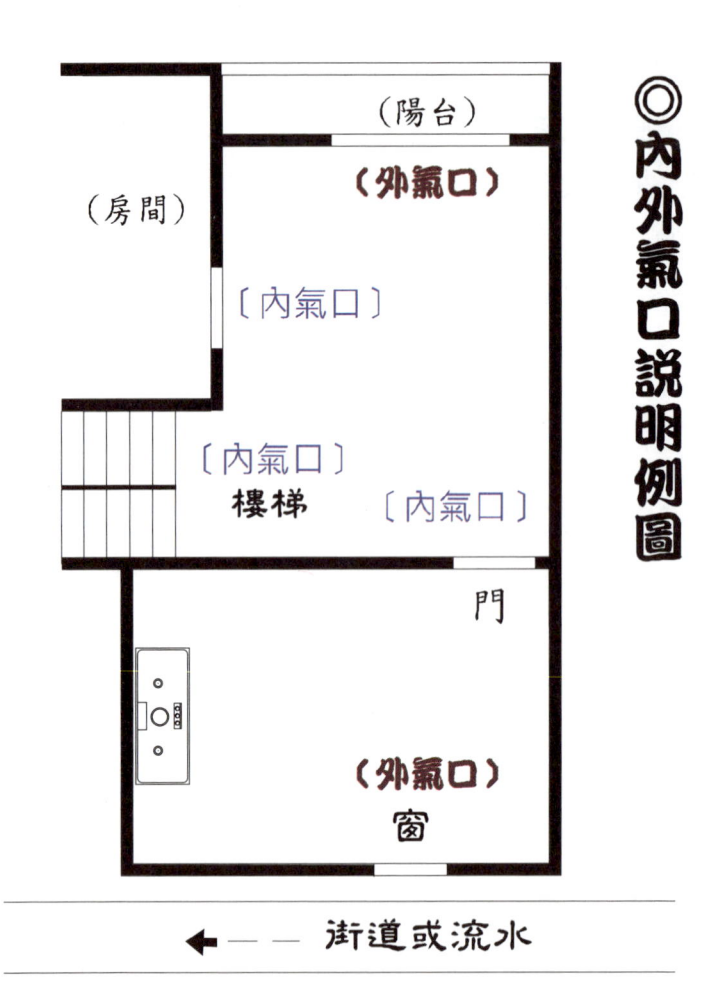

內氣。……

- 不與外界大自然直接接觸的〔**門、窗**〕，引進宅內之氣，即是〔**內氣**〕。外氣從大門或外氣口入宅之後，經由內路或內路門引導即成內氣，並分佈在宅月內各室各房。
- 已經進入宅內，凡庭院之內的〔**內門、通道**〕，或是〔**寬**

廣天井〕之類，俱是〔**內氣**〕的〔**氣口**〕。

〔旁註：以面街大廈為例，屋內各處電梯、樓梯、玄關、花園庭院……俱是內路；各室房門以及樓梯口、玄關口、電梯門、庭院出入口就是**內路氣口**〕

〔旁註：例如圖示之陽宅，走出前面陽台，面對外面是曠達透空；後面房間開窗，窗外是流水或平野，此兩處見**外氣口**，其他的室內房門、通道，以及樓梯口等，俱是**內氣口**〕

●宅內納氣，概以原陽宅坐向下盤，不再重新訂定坐向；只定納氣坐標點。只是納氣仍須〔**地氣**〕〔**天氣**〕分論。

〔旁註：內路門的作用，主要在引導所納外氣；既然無納外氣之實，自然不能以內路門口方位入中飛佈；故而大廈各單位入宅之門即不能用來立向〕

●宅內論〔**地命、地氣**〕，下盤立極則以〔**全宅中心**〕為〔**大太極**〕，或以〔**各房空間**〕為〔**小太極**〕。

〔旁註：**地命地氣**主論**八宅四吉四凶、玉輦經、**輔星**納氣**以及**紫白生洩殺死**〕

●宅內若論納〔**天運天氣**〕，則以宅內各區域論小太極，以〔**人**〕的活動熱點下盤立極；也是不再重定坐向，概以陽宅坐向下盤，只定納氣立極之作標點，例如〔**床位、灶位、神位、辦公座位**〕。

◎論〔**天運天氣**〕時，同一宅第若是寬廣，即使全宅俱是同一對外納氣口,由於〔人〕的立極點不同,對大門所納之氣,各區域納氣亦自變異。例如次頁圖所示:〔**坐坎向離、前開正門**〕之宅。同一入口之〔離〕向大門,左前區域實收〔坤氣〕,右前區域則收〔巽氣〕,只在宅第後半尾端方收〔離氣〕。

〔旁註:論天氣,內外氣收納以上下二元零正論旺衰。
　　　2024～2043九紫運,乾兌艮離則屬旺氣可用。
　　　此例之房床、灶位、神位……宜安內部尾端〕

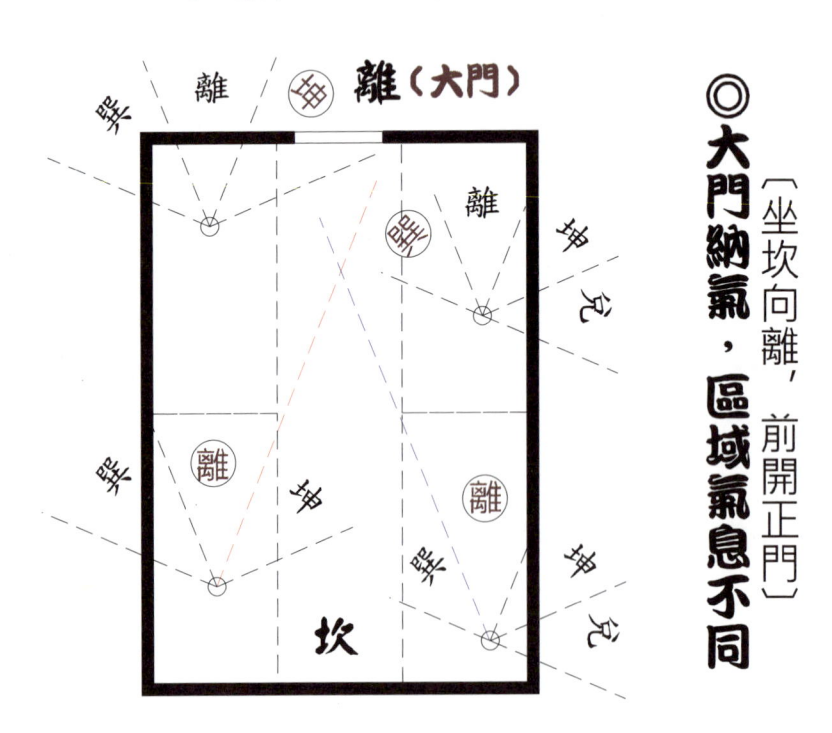

◎大門納氣,區域氣息不同 〔坐坎向離,前開正門〕

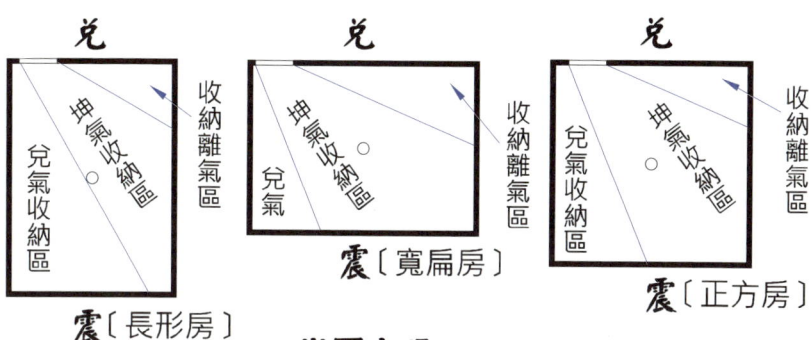

坐震向兌〔前開龍門〕

◎同樣坐向，面積大小差不多的陽宅，開門位置相同，然若屋形不同，所納之氣分配範圍亦有伸縮。例如：陽宅〔坐震向兌、前開龍門〕，左納兌氣、中收坤氣、右納離氣。長形宅所納兌氣就比寬扁宅或正方宅大得多；中收之坤氣就以寬扁宅收納最多。

◎無論是〔**鄉野一室之宅**〕或〔**寬大陽宅之隔間一室**〕，若論〔**天運**〕，則無論門窗所納是〔**內氣**〕或〔**外氣**〕，氣息入宅之後，即在室內遊走。氣息雖納自同一氣口，但在室內各位置立極，卦氣仍是有異。理想狀態，仍須以〔**床位、灶位、神位、辦公座位**〕下盤立極，察門窗所納〔**天運之氣**〕是否屬於旺氣方妥。

〔旁註：坐坎向離，前開正門之室。入門直通後端之大部區域直收離氣，門左側角收坤，右側則是巽氣〕

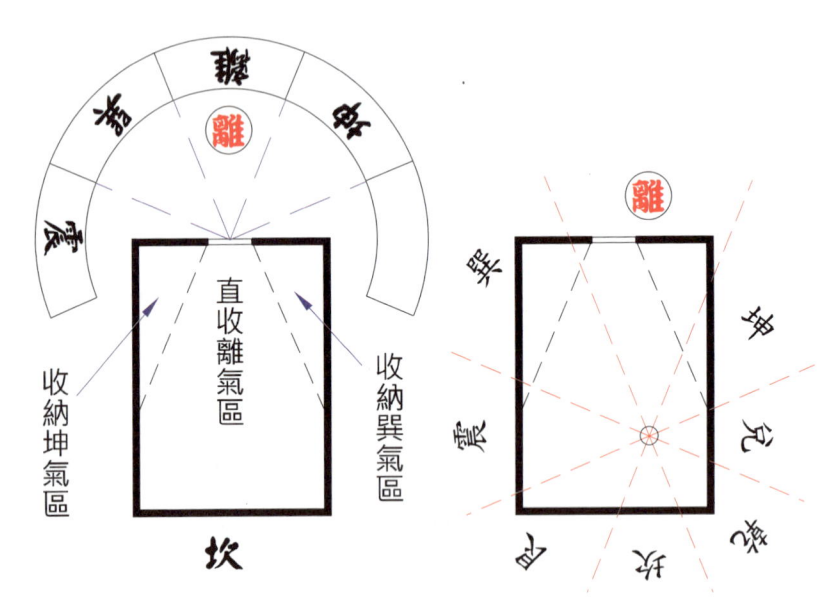

坐坎向離〔前開正門〕【中央納氣解說】

〔獨白：若以羅盤定針離向，遊走於入門中央位置，如圖所示，門口處於立極點的離卦，即納離氣。
羅盤立極點進入門左側角，門在坤卦而納坤氣。
立極點進入門右側角，門在巽卦則納巽氣。
九運離為正旺氣，桌床灶及神位宜往後安置〕

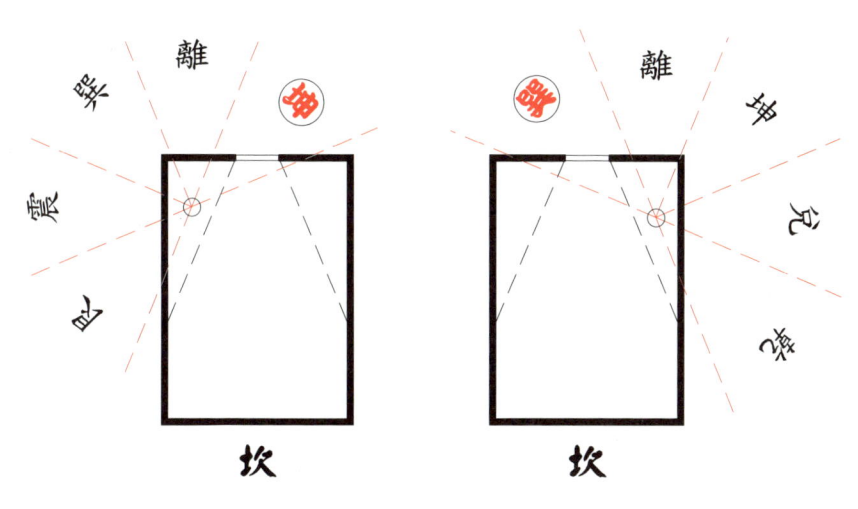

坐坎向離〔前開正門〕【兩側角納氣解說】

〔旁註：坐坎向離，前開正門、右側中間開窗，則全室的中央立極點，離兌之氣同收，此宅下元發達〕

〔**獨白：離兌俱屬女卦，最宜女命發達**〕

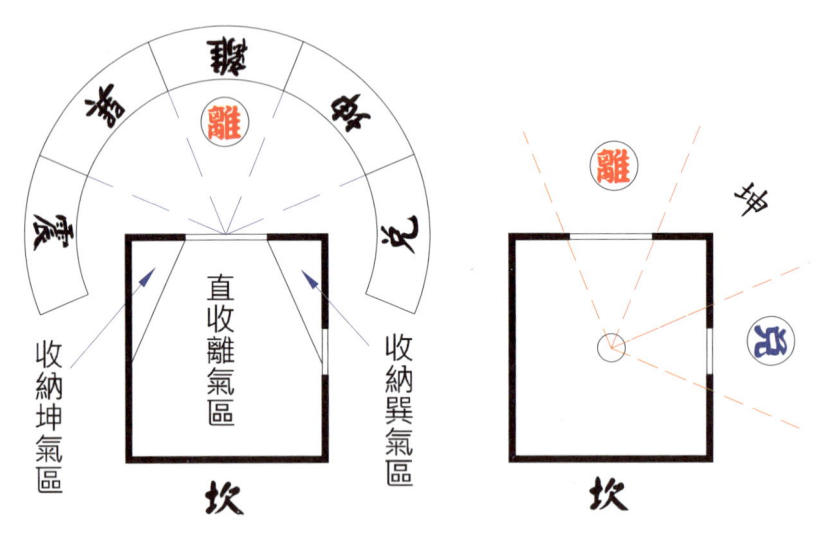

坐坎向離 〔前開正門，側開兌窗〕

◎現代陽宅，無論是結構或材料，或是聚落，已經與傳統身處〔山野、平洋〕鋪陳式的〔單家簷房〕相去甚遠；甚且都市建築都往高處發展，佔地又甚寬廣，實際住民所屬居房只屬於整體大宅之一小單元；整體建築大太極為基礎的堪輿理論，已難涵蓋運用於現代陽宅。換句話說，昔賢之〔曠野之宅、山谷之宅、井邑之宅〕分法必須重新定義，或改弦更張。以下各節乃就現代陽宅，務實分類論述。若有舉例，俱以〔坐坎向離〕、〔子山午向〕為例，〔地命〕與〔天運〕合論納氣。

陽宅地理闡述 073

子山午向
現代陽宅羅經
〔附加九紫運零正佈列〕

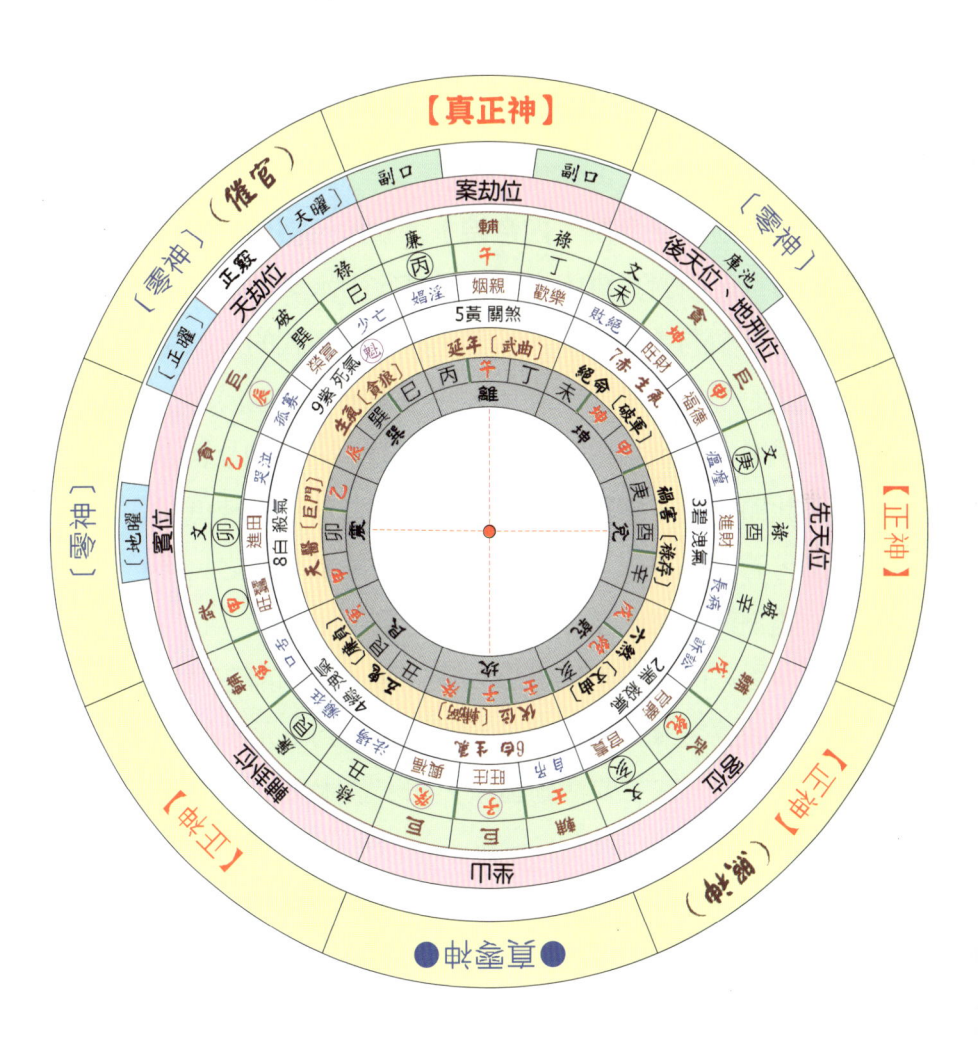

〔平原曠野單家獨立簷屋納氣〕

◎傳統農舍形獨棟單室，多處曠野，結構多茅草或瓦屋，基本上就是一個前門，左右或開窗；門窗俱直通外氣，亦即本屋所納即是外界山水之氣息。

〔旁註：鄉村住宅多是人煙稀少，即使有村落之形，亦多是單家簷屋、並不相連；鄉村住宅多是直接面對真實山水、逕收山水外氣〕

◎傳統住宅之〔**三合院、四合院**〕、獨棟低樓層透天厝，多身處曠野，面對真實山水，亦是直收山水氣息。

◎現代有所謂的〔**農舍**〕，固然仍存在於現代的平原稻田之中；然而舉目反多獨棟高房，甚至連棟，或圍成聚落，各房所納外氣固然不同，即使同一房內各角落內氣亦是不同。此節所謂〔**單家獨立簷房**〕指類似傳統獨棟低矮房舍為主，若是四層以上樓房，以〔**高樓納氣**〕論之，不符本節所述納氣準則，請參考〔**高樓納氣**〕一節。

◎單室本屋之內，以宅內安置物事立極，察門窗在何方，即收該方卦位之氣。以九運下元為例，收到下元氣的面積範圍，宜主要活動區域，如安置床位、灶位……。

小房納外氣之例。……坐坎向離、開離門兌窗。

●若是平野中獨立一房一室小面積房舍，全宅俱是籠罩〔**離氣**〕之中。大門立極如此，左右開窗亦是如此。

〔旁註：前開正離門，雖入門兩側離坤巽之氣，然屋小則其區域角落相對甚微；側開兌窗，似亦納兌氣，然屋小則門大窗小，離氣較盛。雜氣可忽略！〕

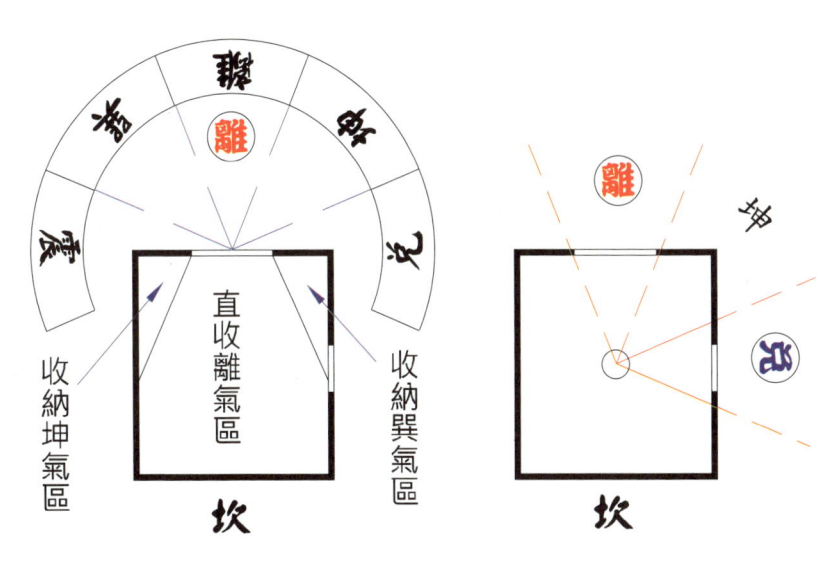

坐坎向離〔小面積房，前開正門，側開兌窗〕

大房門納外氣之例。……坐坎向離、中開離門。

●若是佔地寬廣,則依房型而在各角落有不同納氣。

〔旁註:若在宅中正對離門之中間區域游移,直收正門入氣,此是**直收離氣區**。離9屬下元旺氣,此宅後段正宜安灶、安房門〕

〔旁註:正門左側角下羅盤游移,門在盤中坤卦,即收納**坤氣**;羅盤移到正門右側角落,則大門在羅盤的巽方,因此是**收納巽氣區**。坤2巽4俱屬上元,在9紫運是衰氣,不宜居人活動;可以予以閒置或置放重物,避免該區攪動〕

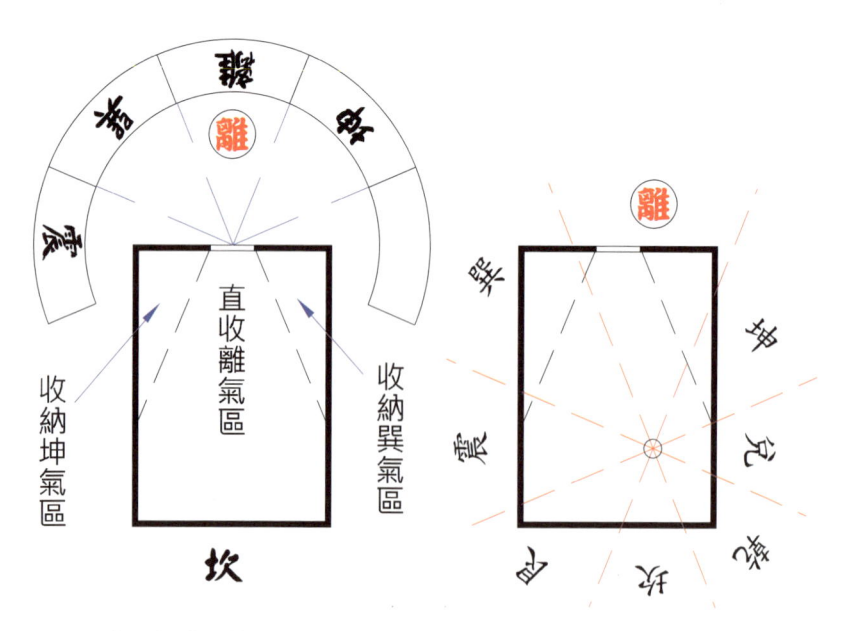

坐坎向離〔大面積房,前開正門〕

坐坎向離〔大面積房，前開正門〕

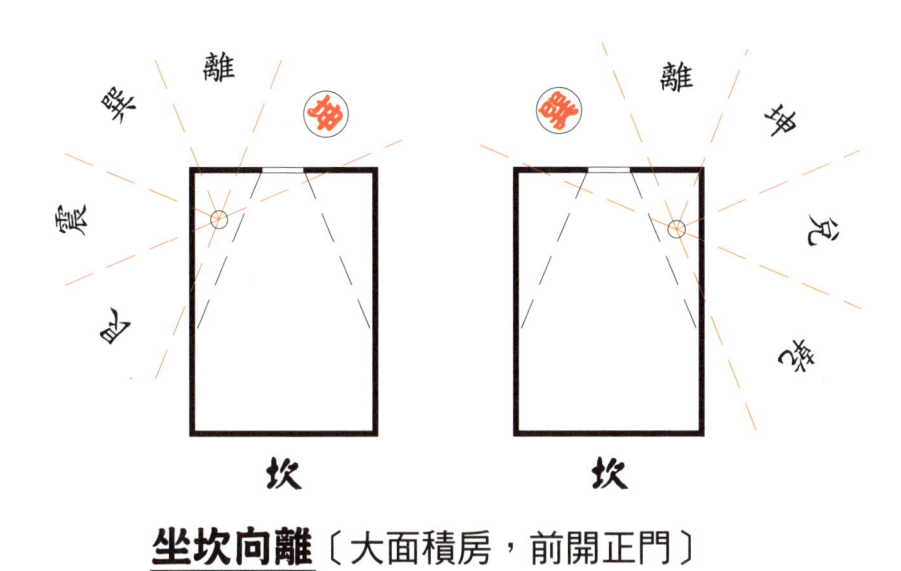

前後門納外氣之例。……坐坎向離、前虎門、後中門。

坐坎向離〔前開虎門、後開正門〕

前處門納氣解說〔坐坎向離〕

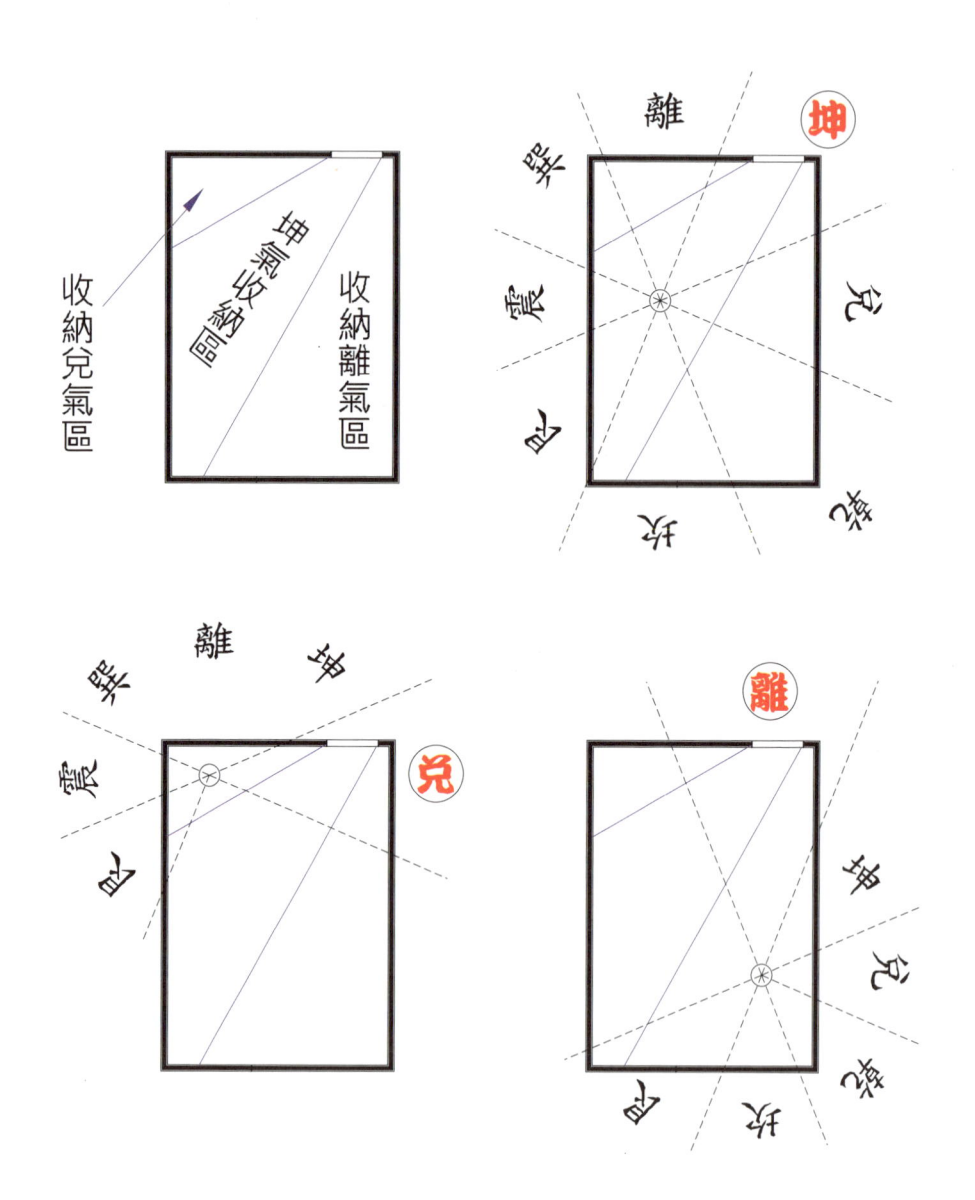

●若羅盤在宅屋中間區域游移，收納前方虎門入氣，此是〔**坤氣收納區**〕；羅盤在前門左側角游移，門在兌卦，此區即收納〔**兌氣**〕；羅盤在宅舍右下角游移，右前門在離卦，此是〔**離氣收納區**〕。三個納氣區合併表示，如上頁〔**前虎門納氣解說圖**〕之左上角圖示。

●若羅盤在宅屋中間區域游移，收納後方中門入氣，此是〔**坎氣收納區**〕；羅盤在後門左側角游移，後門在乾卦，此區即收納〔**乾氣**〕；羅盤在宅舍右下角游移，後中門在艮卦，此是〔**艮氣收納區**〕。三個納氣區合併表示，如次頁〔**後中門納氣解說圖**〕之左上角圖示。

●前後門納氣合併，則各區納氣如下圖所示。

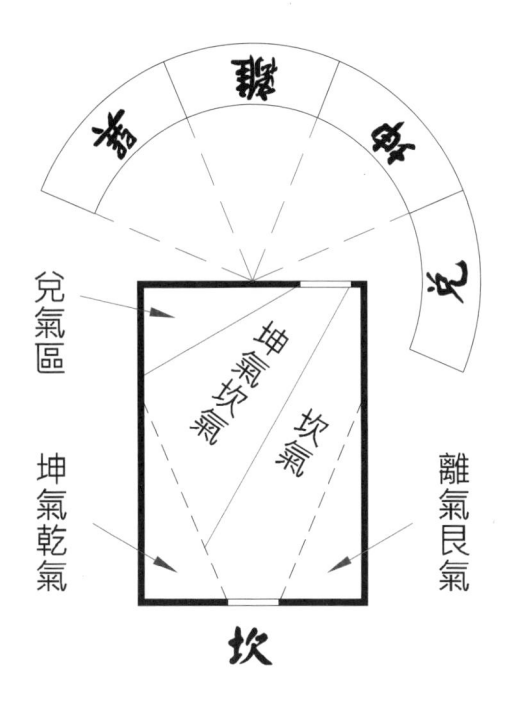

後中門納氣解說〔坐坎向離〕

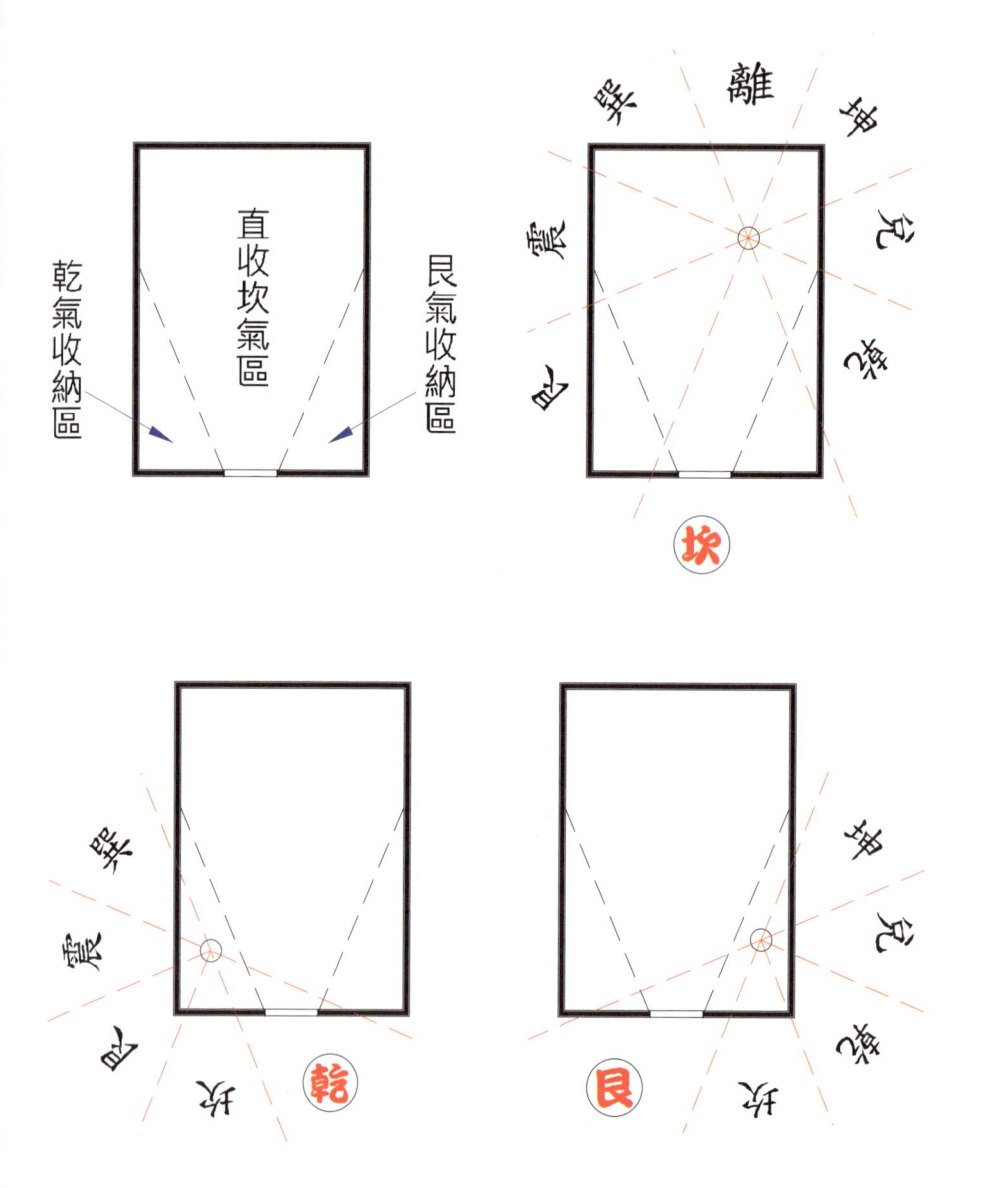

●此陽宅的中央部分,〔**坎氣、坤氣**〕在下元9紫運是衰敗之氣,不宜居人活動;可以予以閒置或做通道。右後方納〔**離9、艮8**〕下元旺氣,宜於安灶或神位。

納地命外氣之例。……坐坎向離、中開離門。

● 若論地命地氣,須先察外局是否有水局或來去路,再進而察其是否適用〔**輔星水法**〕或〔**龍門水法**〕。
● 論水口,〔**龍門水法**〕宜〔**兌卦庚酉辛**〕先天水來,然後過堂而出〔**丙巽**〕,如此可旺人丁;若取〔**坤卦未坤申**〕後天來水而出〔**丙巽**〕,如此則可旺財。
〔旁註:離局的後天位與半卦先天位,在屋前可見〕
● 論外局水口,〔**輔星水法**〕宜收〔**貪巨輔武**〕四吉來水,並出〔**文廉破祿**〕四凶之水。準此,則宜水左旋來自〔**壬子癸、戌乾、坤申**〕而出水〔**丙巳巽卯、丑艮**〕;或水自〔**壬子癸、寅甲、乙辰**〕而來右旋、去水〔**丁未庚酉辛、亥**〕。
● 綜合兩種水法,外局最宜來水〔**戌乾、坤申**〕、左旋出水〔**丙巽**〕;或水來〔**寅甲、乙辰**〕而右旋去水〔**丁亥**〕。
〔旁註:注意寅甲來水,不可相兼,否則就是八煞水〕

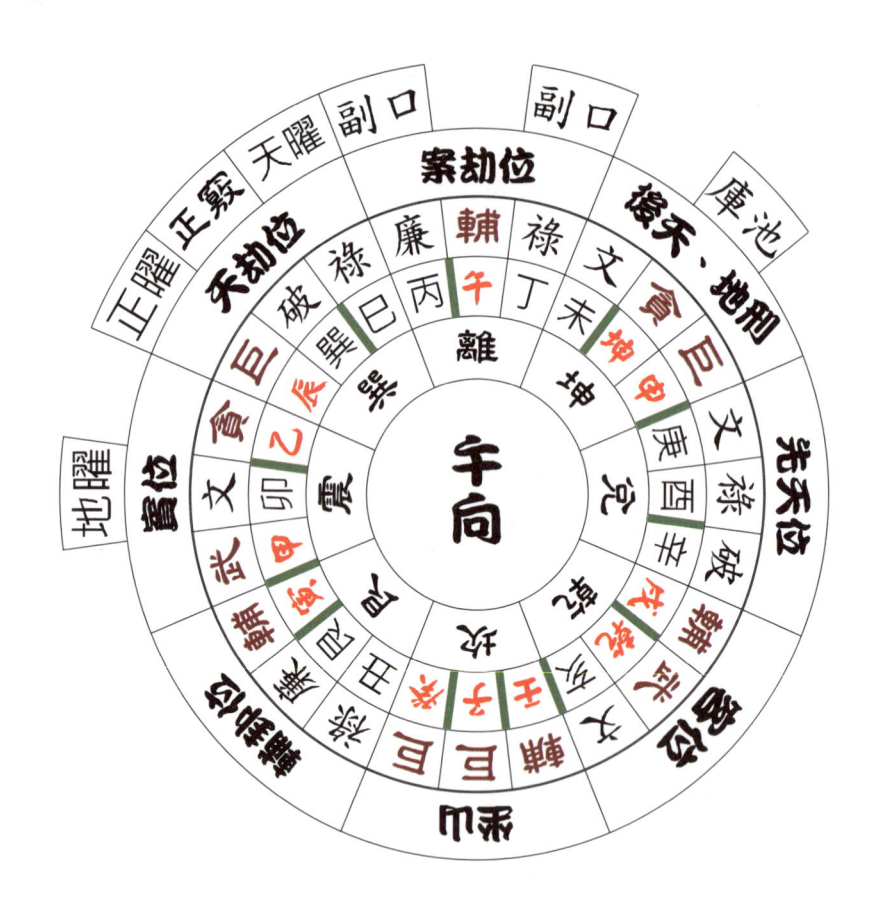

室內納氣及六事安置例。……坐坎向離、中開離門。

- 不宜正開後門後窗，可開〔右後側門〕於〔戌乾亥〕，但須注意〔戌乾〕不可跨越相兼；最好單開〔乾門〕。

〔旁註：乾卦正神、紫白殺氣宜洩。戌乾相兼則犯八煞。
乾山臨官爵武曲是貴氣門。亦宜不開門而開窗〕

- 若要開窗最宜右側〔酉窗〕。

〔旁註：兌卦正神、玉輦經為進財。八宅紫白凶星宜洩〕

陽宅地理闡述 083

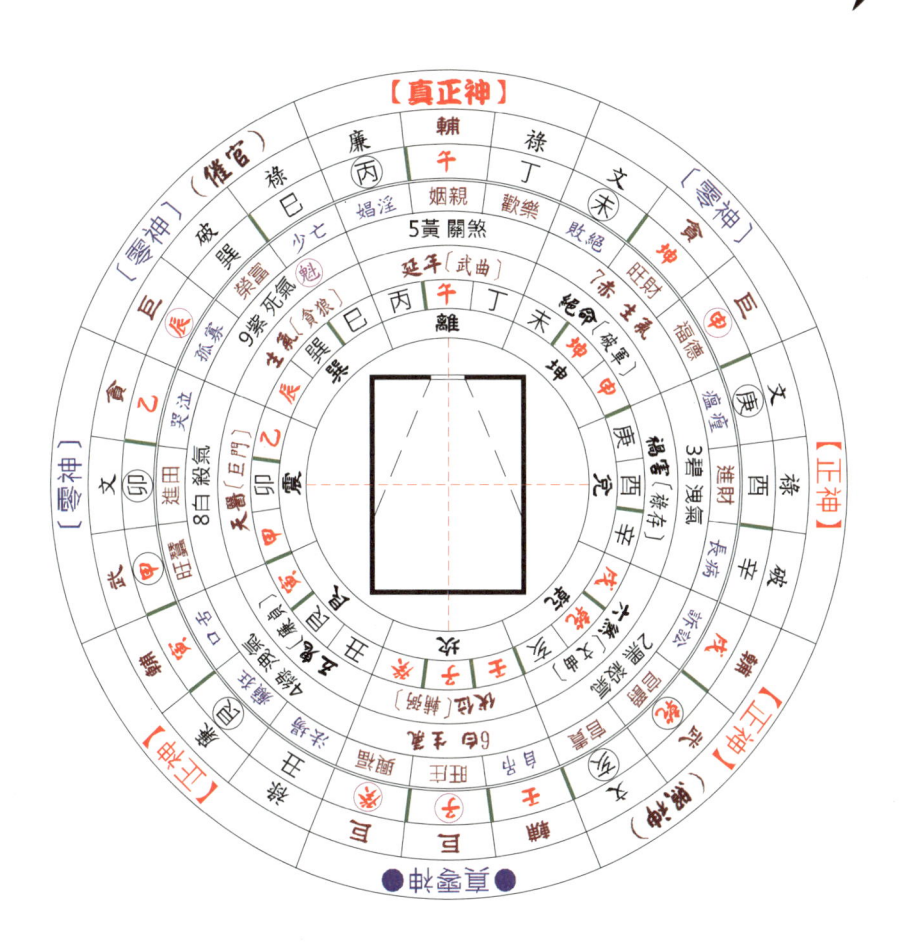

● [神位] 最宜安 [伏位] 坎卦，[子癸] 二山為首選；但要一山純清，不可相兼，否則即犯 [八煞]。神位安於坤卦 [坤申] 二山或震卦 [甲卯] 二山亦吉。

[旁註：子癸俱是紫白的生氣、輔星之巨門，玉輦經亦是吉神；唯壬子癸三山互為八煞、不得相兼]

〔旁註：坤申雖居八宅絕命，然玉輦旺財福德為大，又有紫白生氣與輔星貪巨相挺，吉大不忌〕

〔旁註：甲卯居玉輦旺財進田，又是八宅之天醫〕

● 〔**灶位**〕宜安〔**子或癸伏位灶**〕，但不可相兼。若安〔**甲山天醫灶**〕亦是為吉。

〔旁註：通常安神位之處亦宜安灶，然此局不宜。有謂〈**乾方作灶號滅門**〉，緣由火旺剋乾宮而損宅長〕

庭園陽宅取出街大門之例。……坐坎向離。

● 主房內宅之外有圍牆，圍牆須開出街大門；立極之法，以主房正面中間下盤立極，。大門即是〔**水口**〕，主要以〔**輔星水法**〕納外氣論之，大門宜開〔**輔弼、武曲、貪狼、巨門**〕。若是能兼收正神氣息自是最佳。

● 例如：〔**坐子向午**〕之坎宅，正開午門，是輔星門，又是當運正神方位最佳；然須注意不可兼及丙向廉貞，否則就是犯了八煞。亦可側開〔**乙辰**〕或〔**坤申**〕貪巨方，唯以〔**三元納氣**〕論，屬九紫運之零神，並不當旺。

陽宅地理闡述　085

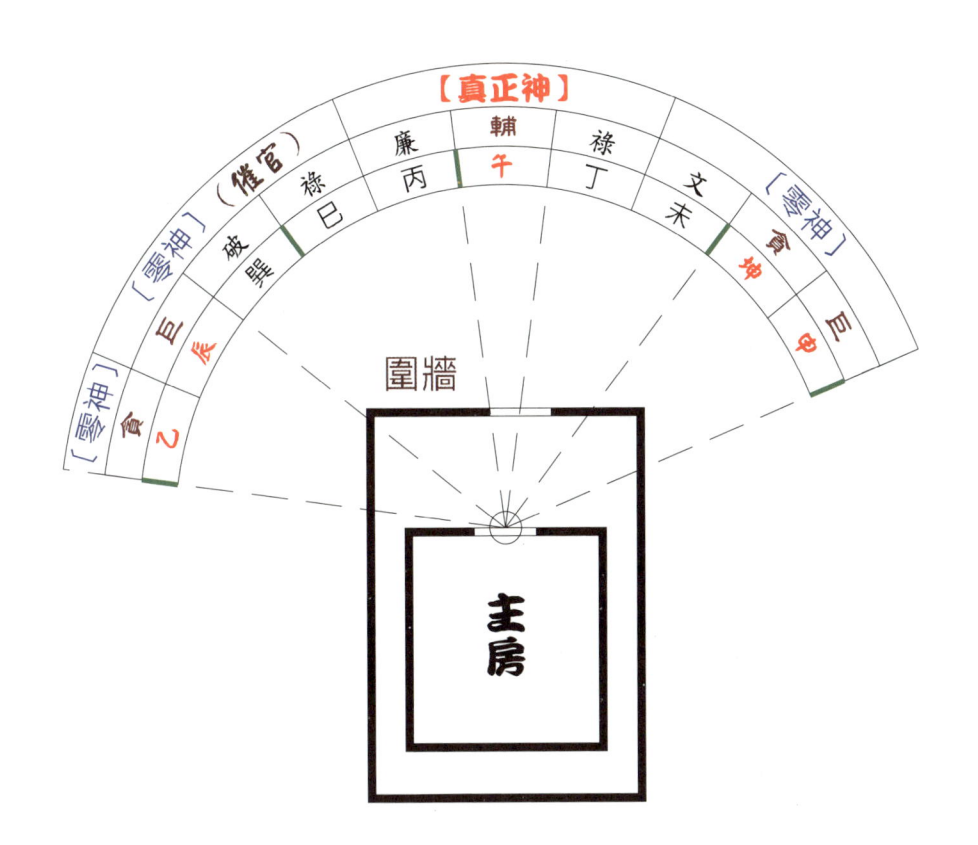

三合院四合院納氣之例。……坐坎向離。

● 三合院或四合院，通常在中央正廳正面有〔**埕或禾堂**〕，然後就是通往外界的門樓或大門，其面對方即是宅向。正廳左右伸手即是廂房，正廳之後或有後房。臥室多在正廳或後房兩側，或在龍虎側廂。

〔旁註：若有多層多進，層進之間又有**天井**〕

●由於埕與天井透空，若夠寬廣，則各房之納氣，除了側窗直收外氣之外，還有來自埕或天井的外來天氣。

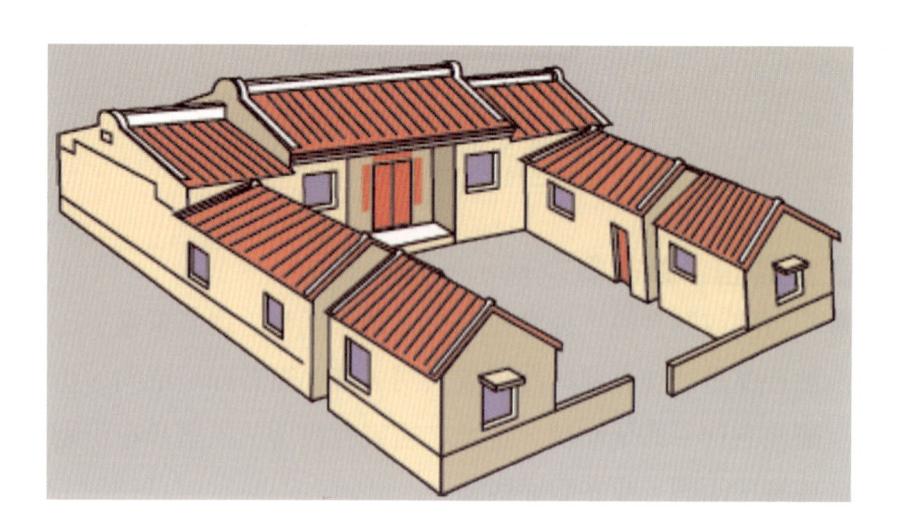

陽宅地理闡述　087

子山午向〔坐坎向乾〕

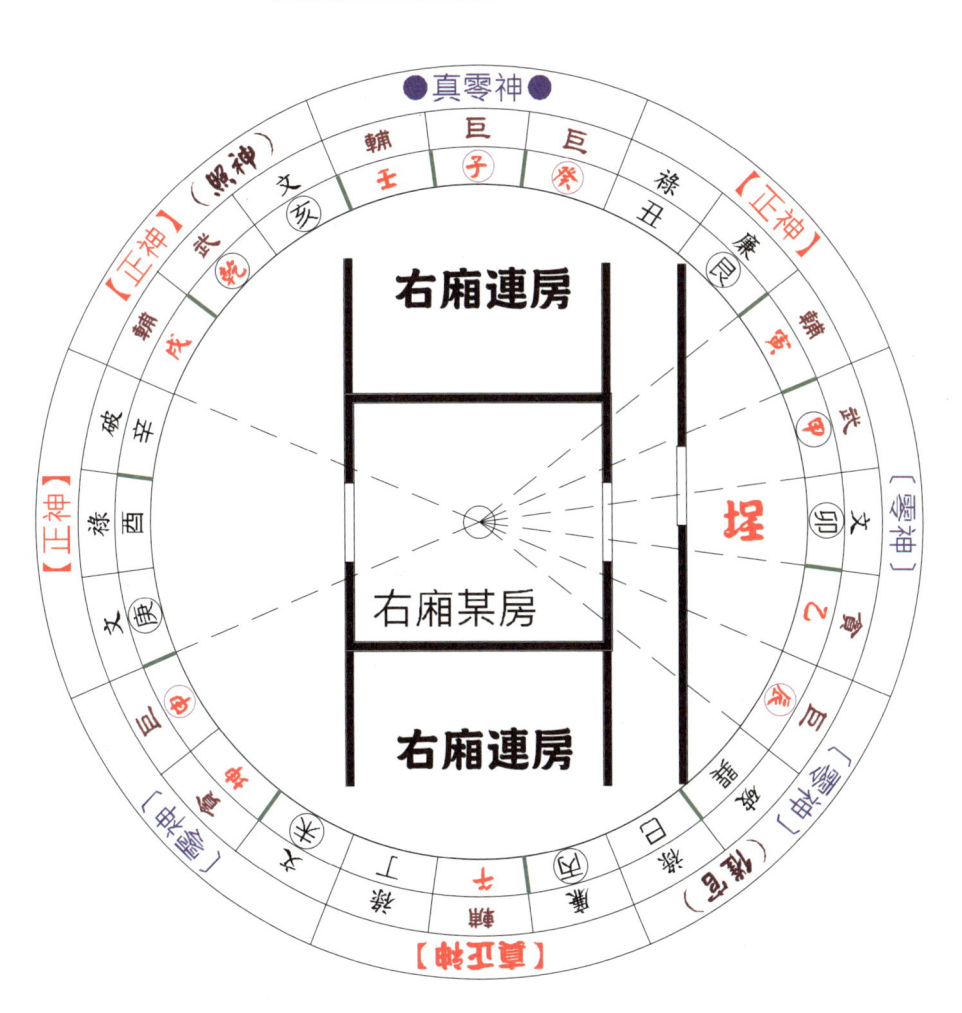

●例如：〔**子山午向**〕坎宅三合院，察右廂虎邊某房納氣。如圖所示，該房右側開窗直納〔**兌卦庚酉辛**〕外氣；房門正對橫跨〔**震卦甲卯乙**〕三山，又兼收來自中間埕禾堂的〔**甲卯**〕外氣。下元，3碧失運而7赤得運，因氣流直接對相穿不蓄，故為穿心煞。此房生育雖旺，卻多添女口、不利男丁；若是夫妻房，多致不和；又常見肝病肺病、手足及精神官能疾患。

〔旁註：七赤得運為財帛女口，然震長男逢七兌之剋。兌金主肺、震木為肝膽手足，肝能養血，又主中樞神經系統；震木失運且受兌金之剋〕

〔**市井連屋之納氣**〕

◎現代都市人口密集，市區總是樓宇中隔馬路相對；即使個別社區，亦多是透天樓房，兩排連屋相對而中隔社區馬路。屋宅周圍若是通路，須視〔**車流量**〕來斷是否〔**截氣**〕；人稀車緩，則該通路仍屬空曠聚氣之所，陽宅氣口直收外氣；若是車流快速頻繁，該路則等同河流，有界氣之功。馬路之寬窄、車流之大小，可知氣流強弱大小。門前橫過之路，車流快速勢強為〔**界氣**〕；路寬車流稀少緩慢，反論〔**匯氣明堂**〕。

〔旁註：大門面對匯氣明堂則直接收納其氣〕
〔旁註：大門若是緊貼**界氣馬路**，必是**割腳水**；前方來氣逢阻隔、不能入宅，自是無收。大門與界氣馬路之間，若有空間明堂，則大門反收屋後來氣〕
〔旁註：門前斜過車流快速，又須察是收順水或是逆水〕

◎對較低矮之陽宅，高樓大廈就是嶠星；嶠星遠，有迢遞氣息之功；嶠星近，則其方氣息不入、迴返對方氣息。

〔旁註：大樓嶠星頂端當宅門氣口之角度，大於45度，論嶠星遠，本宅直收前方外氣。若是小於45度，該嶠星逼近，該方來氣阻隔；反而是宅後對方的來氣受到大樓嶠星迴風轉氣而入宅〕

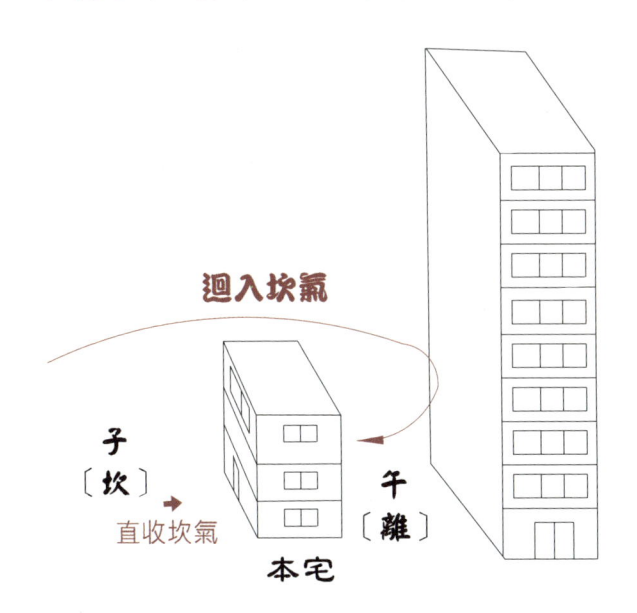

嶠星近在午方，迴風轉氣，引坎氣入宅

090　九運陽宅透析

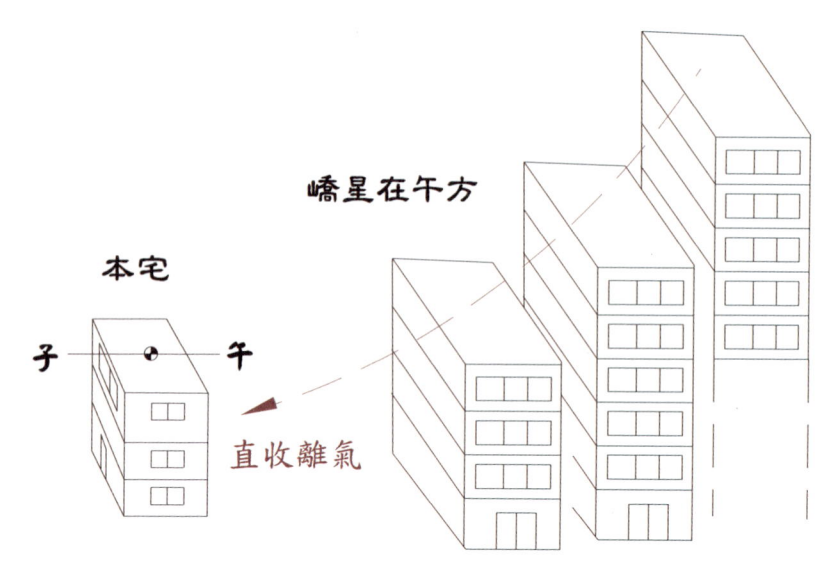

嶠星在午方

本宅

子　　午

直收離氣

嶠星遠在午方，由高漸低，引離氣入宅

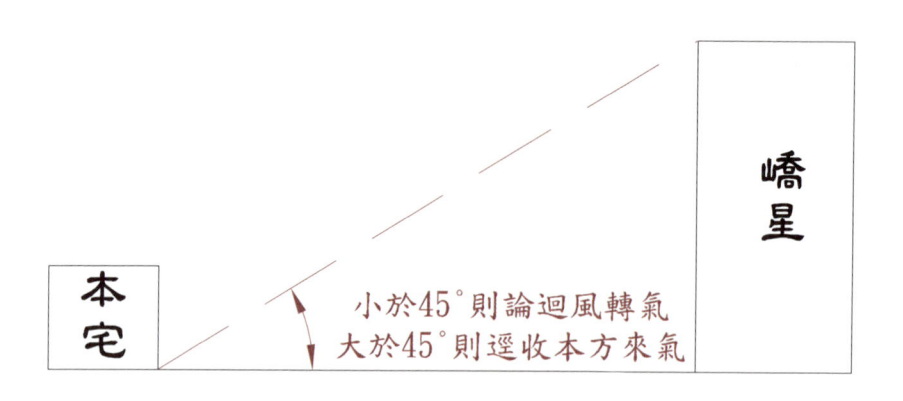

本宅

嶠星

小於45°則論迴風轉氣
大於45°則逕收本方來氣

迴氣轉氣說明

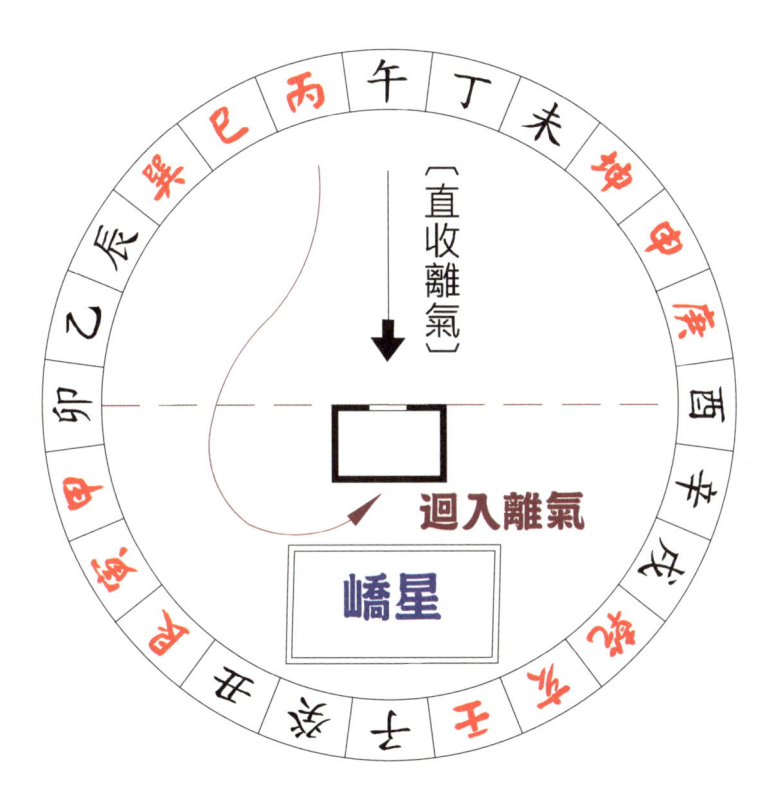

癸宅離向背後嶠星迴氣說明

◎巷弄內的透天陽宅，若是對宅不逼、巷路兩頭直通，車流緩而不急，對住戶來說，宅前即是〔**匯氣明堂**〕。面向〔**三卦**〕無叉路缺口，住戶開門直接收向方外氣。

〔旁註：坎宅離向，面對直通巷路無叉路，逕收離氣。
　　　　下元9運當旺而發財。若開後門，則滿收坎氣；
　　　　坎在9運為失運衰氣，男子多罹生殖泌尿系統、
　　　　以及血液循環的疾病，又出浪蕩子而夭折〕

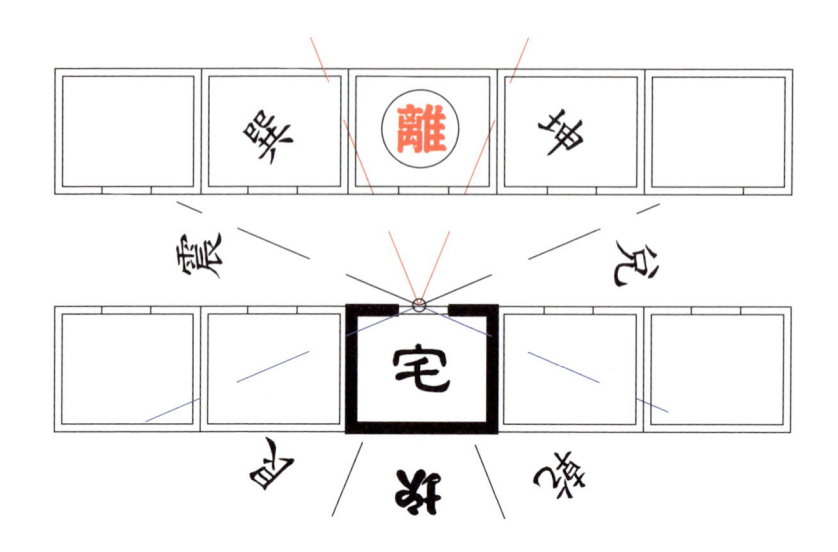

坎宅離向，正收離氣

◎住宅相互毗鄰並排、車流與人流頻繁，各宅大門面對之來路巷口交會不同；所納氣息不同，吉凶自亦不同。

〔旁註：巷路內連排之坎宅離向，直路橫穿，對屋大廈，大廈兩側有路；A、B、C宅納氣不同。

A宅左納巽氣而右納坤氣（坤氣小或可不計）；巽坤皆屬上元旺氣，在下元9運衰敗。

B宅面對路沖、直收離氣，下元9紫運旺發。

C宅左前見叉路，故收巽氣，下元衰敗〕

陽宅地理闡述 093

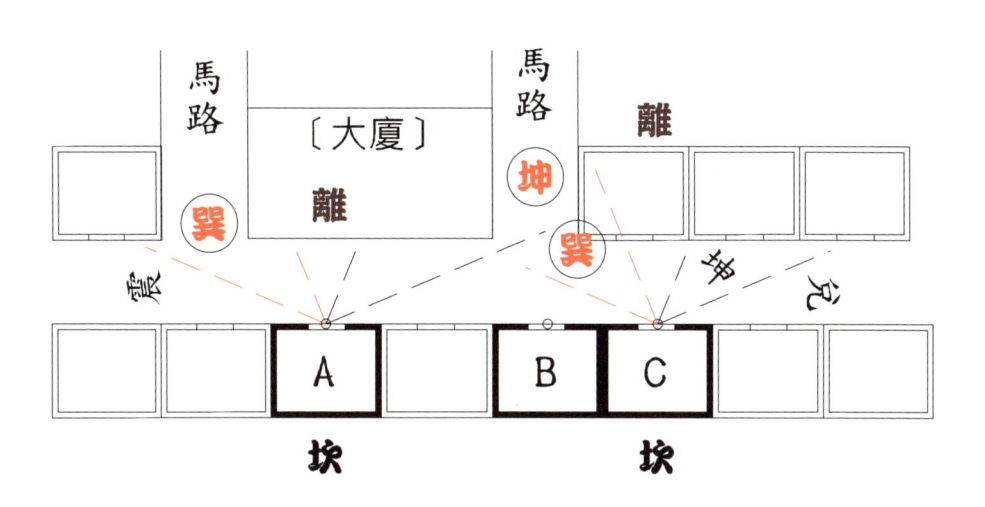

坎宅離向，各宅氣口

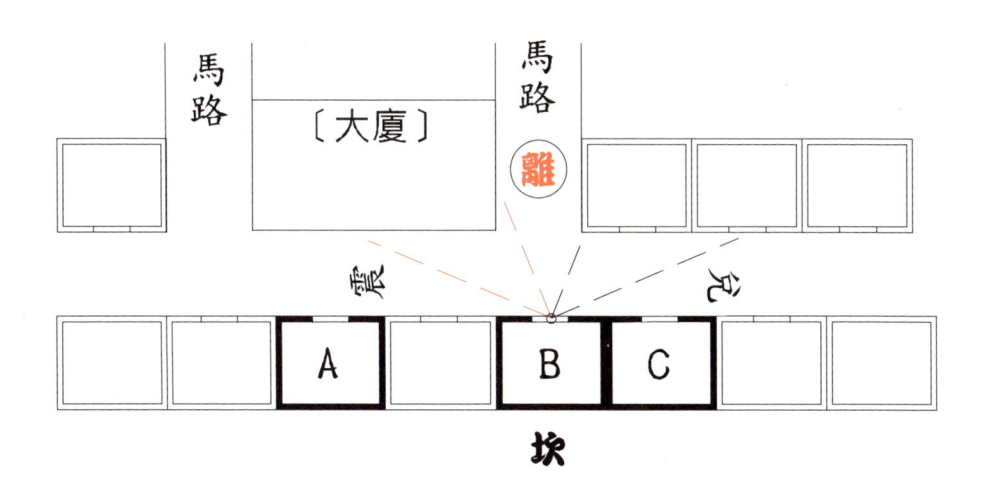

◎巷弄之宅，逢高樓大廈近逼即是嶠星；該方來氣阻絕，反收嶠星對方之來氣。

〔旁註：例如坎宅離向，乾方大樓高逼。C宅逕收離氣，
　　　　離9乃下元旺氣，9紫運大發。
　　　　A、B、D宅，離方阻絕而反收坎氣。
　　　　E宅則直收右來兌氣與坎之迴風轉氣。
　　　　凡收坎氣，在9紫運屬衰氣，男子多血疾浪蕩〕

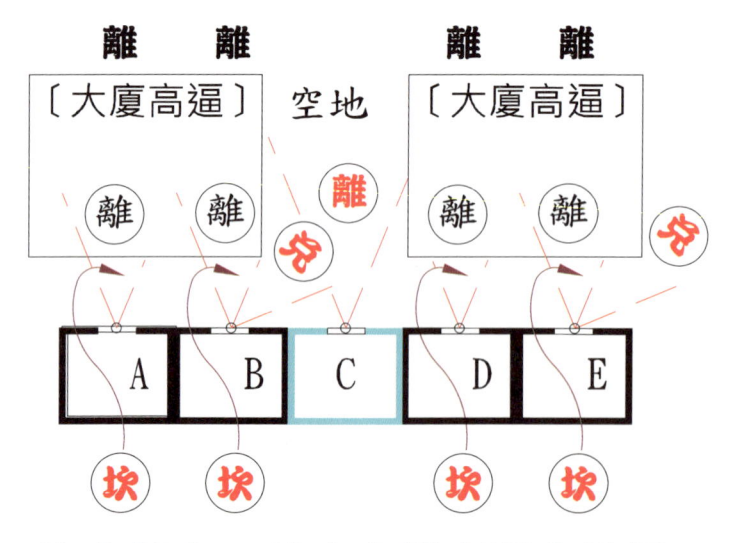

坎宅離向，前方大樓高逼之納氣

〔旁註：例如坎宅離向，前方空曠，側方大廈高逼。
　　　　A、B、C宅，俱是直收正前離氣；A宅若左側
　　　　開窗，可收兌方來氣。收離兌則下元俱是發財〕

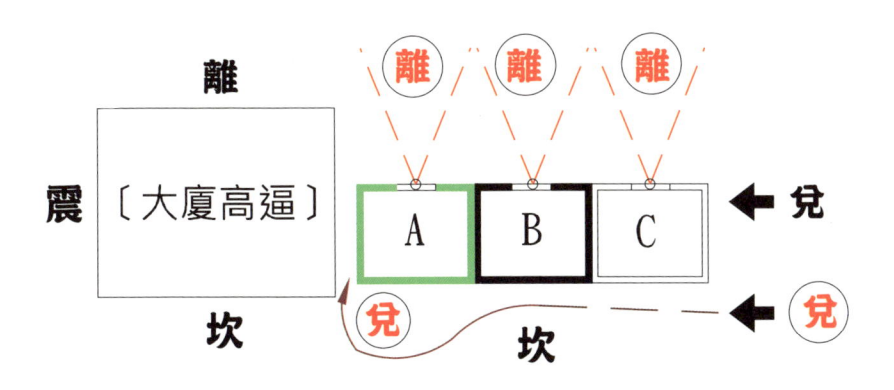

坎宅離向，側方高逼之納氣例

◎集合式住宅，類似村落之集成，有整體連外通路大門。大門裝置之方位即是整個小區納氣之方，可察整個區域之旺衰時機。區內各屋宅各自以自身開門立極論納氣。

〔旁註：過去之村落多依地形建屋、散落且各自取向，或以土堆竹木地形圈成，有共同對外聯絡通道。

今日則多在都市四周邊緣或特定的地點，大規模整地、建蓋連棟同向住宅，外加圍牆圈出小區；再在圍牆上開門為聯外通口〕

096　九運陽宅透析

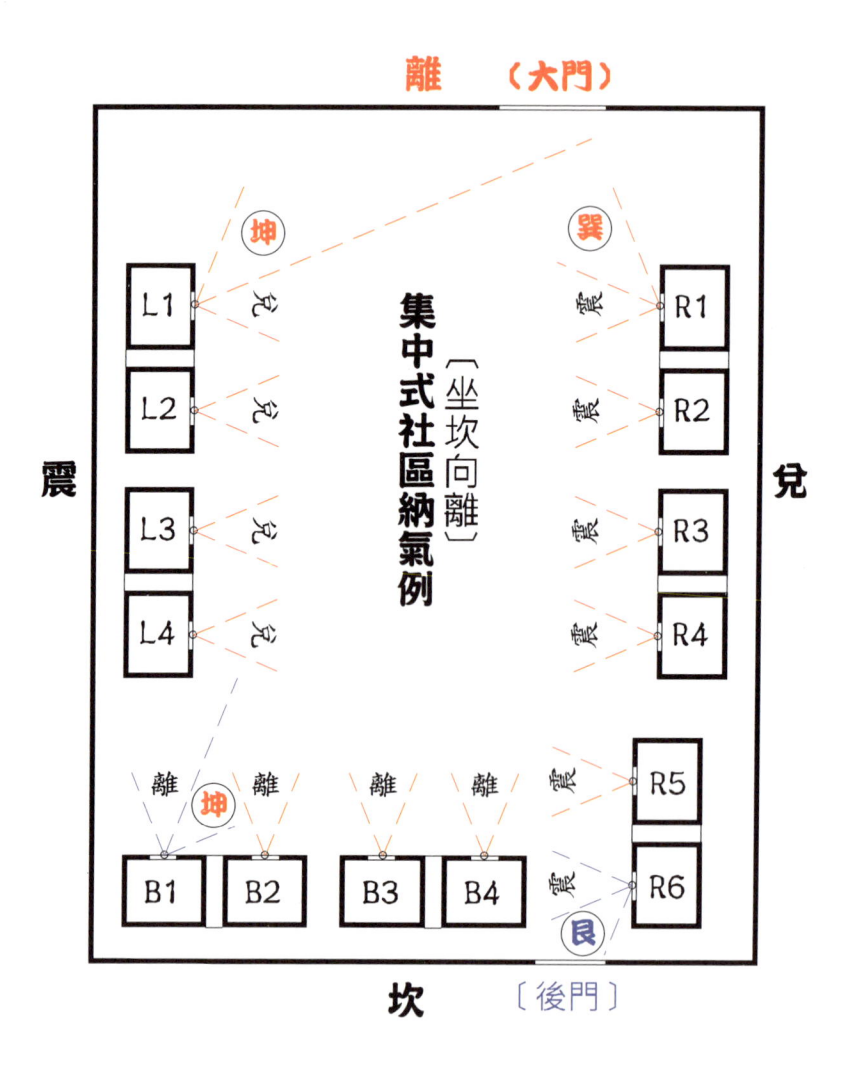

離　（大門）

集中式社區納氣例
〔坐坎向離〕

坤

巽

L1　兌　　　震　R1

L2　兌　　　震　R2

震　　　　　　　兌

L3　兌　　　震　R3

L4　兌　　　震　R4

離　離　　離　離　　震　R5
坤
B1　B2　　B3　B4　震　R6
　　　　　　　　　艮

坎　　〔後門〕

〔旁註：小區坐坎向離，前開右側大門、後右開小門。
　　　以全區中心立極，大門在離卦，下元九運旺發；
　　　後門收坎氣，下元九紫運衰敗，宜於封閉不開。
　　　各門因在小區位置不同，各自立極則納氣各異。
　　　左側L1、L2、L3、L4住宅，直收兌氣，
　　　L1住宅則加收來自大門之坤氣。
　　　右側R1、R2、R3、R4、R5、R6，俱是直收震氣；
　　　R1住宅則加收來自大門之巽氣，
　　　R6住宅則加收來自後門之艮氣。
　　　後方B2、B3、B4住宅直收離氣，
　　　B1則直收離氣，兼收右側前大門之坤氣。
　　　兌7、艮8與離9，屬於下元，九紫運可發達；
　　　因此宜於優先選左側與後方排列之住宅〕

筆 記 欄：

〔山居之宅、高樓住戶〕……都市大廈單位住戶。

◎山區的陽宅，山雖低矮，只要逼近住宅則是近嶠，該方來氣必受阻擋而不能入宅；如果是高大嶠星，必能阻住該方來氣，並且使對宮來氣迴反。

〔旁註：例如坎方有山峰，必貯蓄離方來氣於坎山，離9是下元旺氣，故而下元興發〕

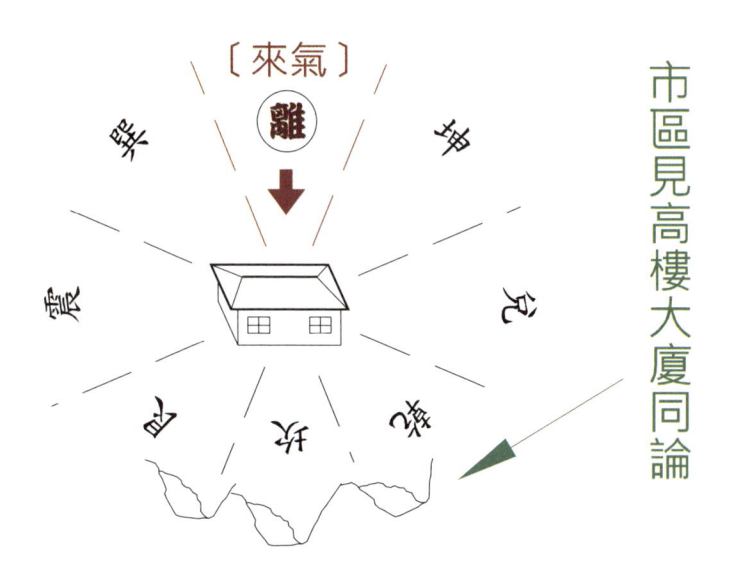

市區見高樓大廈同論

◎山居陽宅，四周俱是連綿山峰，則各方俱是來氣受阻，空缺處即是氣之來方；區內陽宅皆承受該方來氣。

〔旁註：四周環山之獨居，僅在離方空缺，則收離氣，九紫運發達。若是坤巽方見空缺，上元發達〕

100　九運陽宅透析

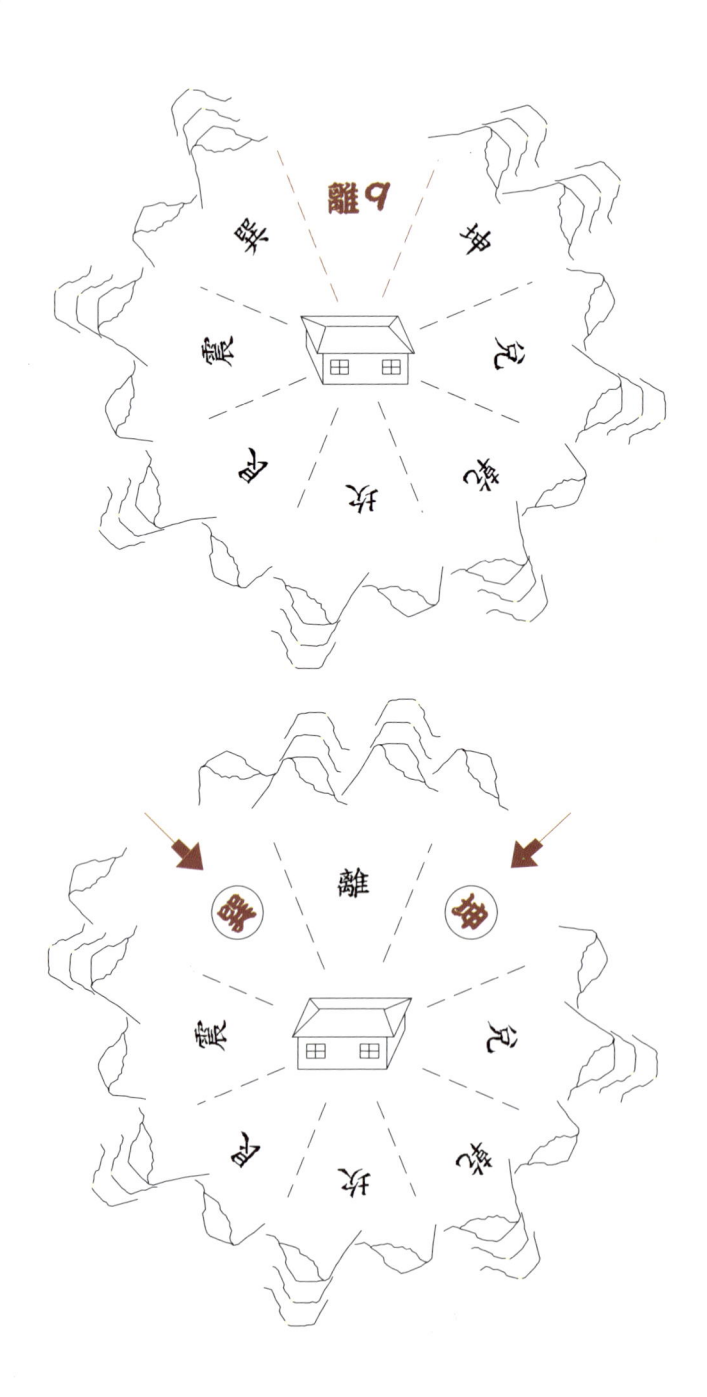

◎四方連綿山峰，若無缺口，則不能以缺口納氣；就要以〔**山巒嶠星**〕來取納氣元運。嶠星方若是當元旺氣方，則建宅宜遠離嶠星；嶠星若是失運之方，那就必須貼近山巒建宅，該方氣息不納。

〔旁註：若嶠星在休囚煞方，接近它則有阻氣之功；嶠星若在當元旺方，則不宜貼近阻氣，反宜遠離開闊或中間疊層而下，使旺氣迢遞入宅〕

〔旁註：例如山居貼艮坎而建，艮氣不納而坤離方氣足；下元九運旺氣臨發，然艮坎男兒之氣不入，全宅沐浴離坤之氣，此宅卻多生女少兒郎了〕

◎山下若見村莊，除了不納山壁方之氣，其他各方氣息通暢無阻，以建宅分佈方位論納氣。

〔旁註：離方有山峰，山下平地空曠；山峰迢遞離方氣息進入平原，區內各處俱是籠罩離氣，九運值旺〕

◎現代都市多高樓大廈,等同高山;地面馬路車道,如谷中流水;大樓內單位住戶,即等同山居之宅。高樓與高樓的中間,必是風口、氣之來方。

〔旁註:山谷之水對高山住戶來說,摸不著吃不到;同樣的情況,地面的流水或車道車流吉凶對高樓住戶毫無意義。高樓住戶只要專注向方氣口之納氣〕

◎對單位住戶來說,高樓大廈猶如環山,大樓所設出入口猶如山峰之間的開缺口、納氣口,所納氣息固然籠罩住整棟樓宇而論整體旺衰。然而此種納氣經過迴旋導引、層層脫換,等到進入各單位住戶小門,事實上已經駁雜且氣息微弱、難言作用;對單位住戶來說,其最大氣口反而是自家客廳落地窗陽台直納之外氣。單位內隔間若能開外氣之窗,其作用亦遠大於自家的出入門。

〔旁註:高樓大廈的單位住戶,不必在意大樓之坐向以及出入口納氣;逕自以自家客廳最大落地窗取向,並下羅盤立極。取全宅中心大太極或各房中心論小太極,以八宅、紫白飛星、輔星水法論地命,以頻道地氣安置內六事。當然可以同時取各房的門窗論天運納氣,就是全美了〕

〔旁註:現代大樓,通常為方塊形聳高,其中單位住宅依繞大樓四方、向外採光,因此同棟大樓之單位住宅坐向有四;例如大樓主出入口若是向離,則單位住宅

之坐向就有**坐坎向離、坐離向坎、坐震向兌**，以及**坐兌向震**等四個面向〕

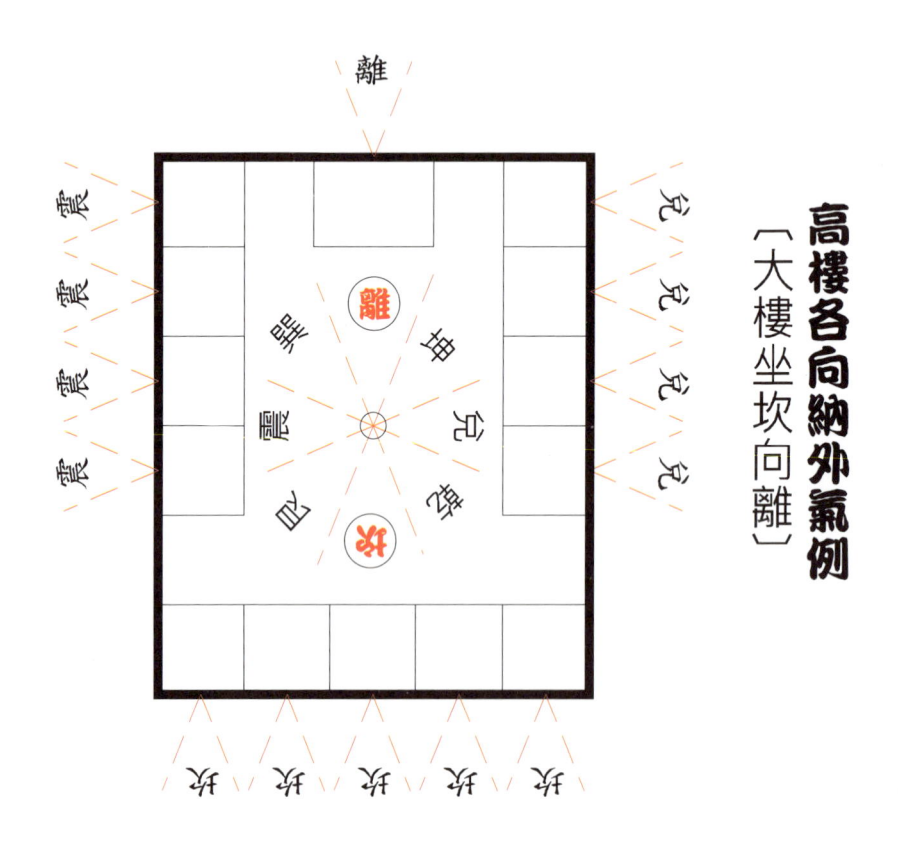

高樓各向納外氣例〔大樓坐坎向離〕

陽宅地理闡述　105

↑ 離向

〔落地窗納氣〕

離

巽　坤

震　兌

廁

艮　乾

坎

〔單位出入門〕

高樓單位住戶例

〔坐坎向離〕

〔**內六事安置通則**〕……內室擺設安置。

◎昔時農業社會宅內物事，如〔**門、路、灶、井、坑、碓、磨……**〕，物有多端，然俱統稱〔**內六事**〕，安置都有必須依歸的風水原則。然檢視其項目，不僅有些已經在當代生活中消失，即使留存，亦因時代環境丕變，型式與規格俱已變異，難以完全套用。現代人類生活以城市聚落為主，且僅居高樓大廈某一角落單位，實際仍受重視、能應用者，大致就是〔**神位、灶位、門路**〕，或再加〔**房床、辦公書桌**〕數件而已。

◎此冊雖主論〔**理氣、納氣**〕，然而〈理氣無巒頭不靈〉，內六事安置之時在講究討論理氣之先，仍須檢視各項目之巒頭而併行；巒頭最重要的，即是〔**坐後玄武與左側青龍宜實、前方朱雀與右側白虎宜空不逼**〕。

灶位之安置。……

●灶是宅母的財庫，必要安於全宅後方，且有獨立空間。灶的坐向，不可與陽宅坐向相反，又不宜正中軸線上。
●灶的理氣，地命納氣論〔**八宅、玉輦經**〕為主，九運零正納氣宜於斟酌加權。

灶位之安置例1。……坐坎向離之宅。

●某〔辰山戌向〕陽宅，安灶於房舍尾端為青龍灶如圖。以廚房中心點立極，灶安離卦為〔**天醫灶**〕，全家可以得健康；玉輦經取〔**歡樂、姻親**〕，親情融洽為吉灶。

〔**獨白**：有一說〈灶安離方火過旺，宜注意火災〉〕

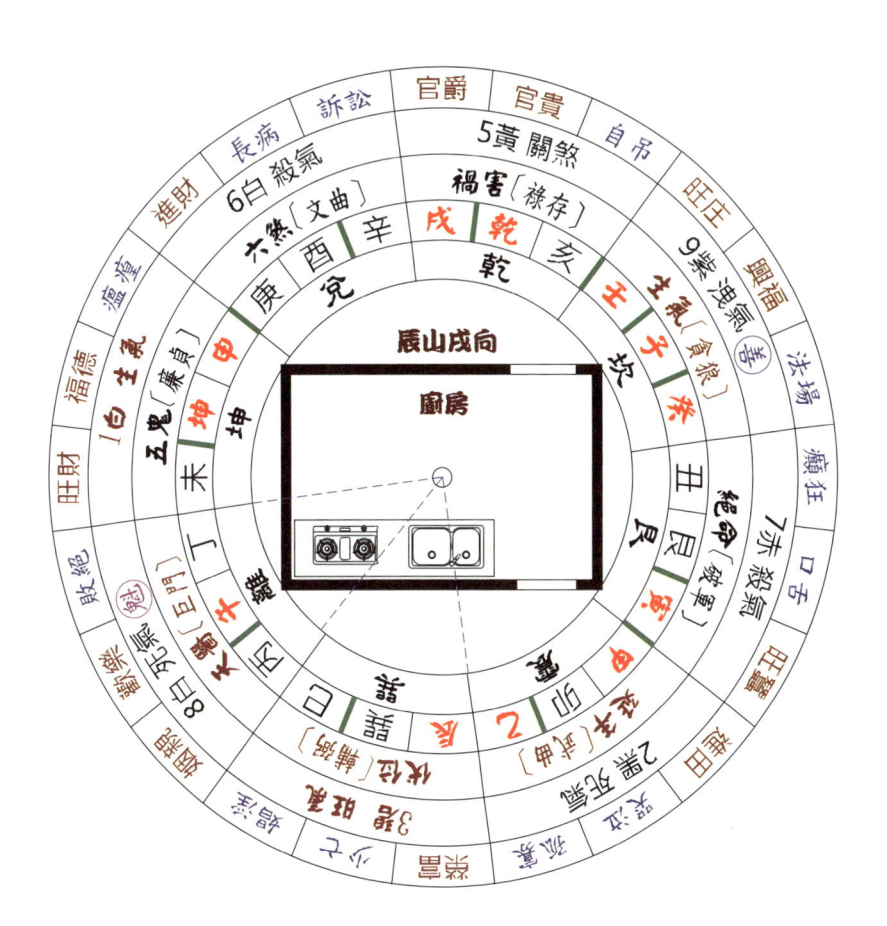

●再以灶位本身為太極，察門路之納氣；進入廚房的門為坎卦零神失運，而後陽台門納艮8正神之氣；綜合論則利於少男田財富貴，然中男易得生殖泌尿系統、耳病，以及血液疾病。若是能改，進入廚房的門路宜左移至乾卦正神，唯需注意門路不可對灶。

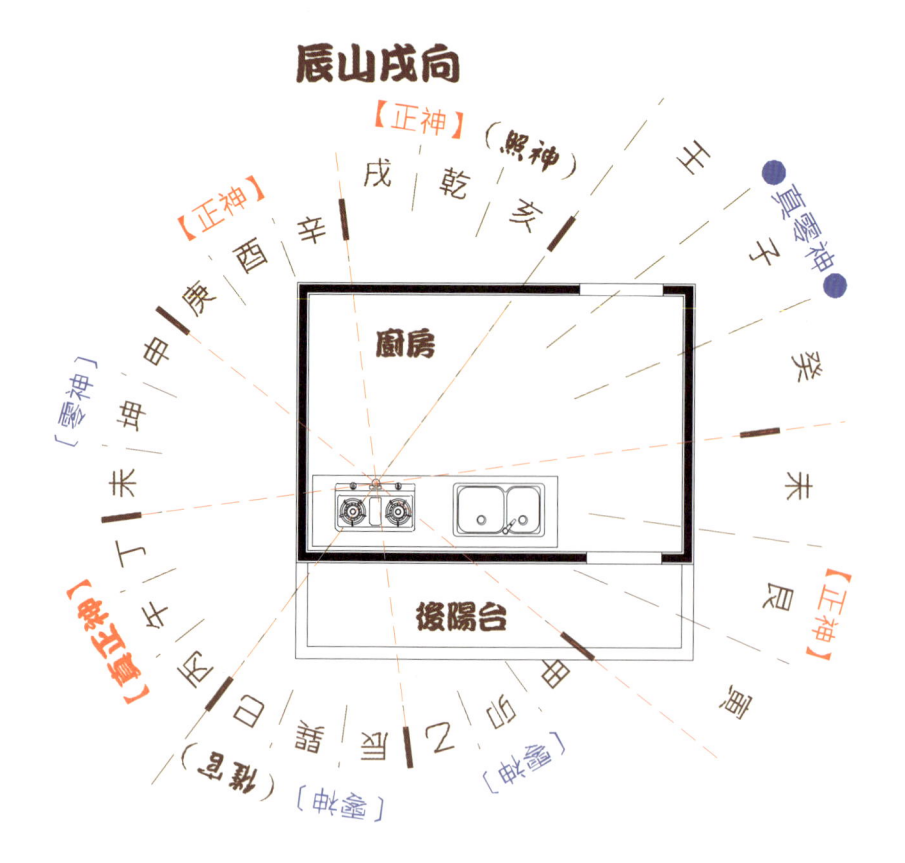

灶位之安置例２。……坐離向坎之宅。

●論地命，以廚房中心為太極點，察灶的坐方在坤，八宅為〔**六煞文曲**〕凶方，論玉輦經則是〔**進財**〕；此灶台之設立，有財祿之喜。論門路，廚房進門雖是艮卦禍害，然〔**旺蠶、進田**〕可以補禍；後門出巽卦〔**天醫巨門**〕，可以禳病除災，然玉輦〔**娼淫**〕為忌。

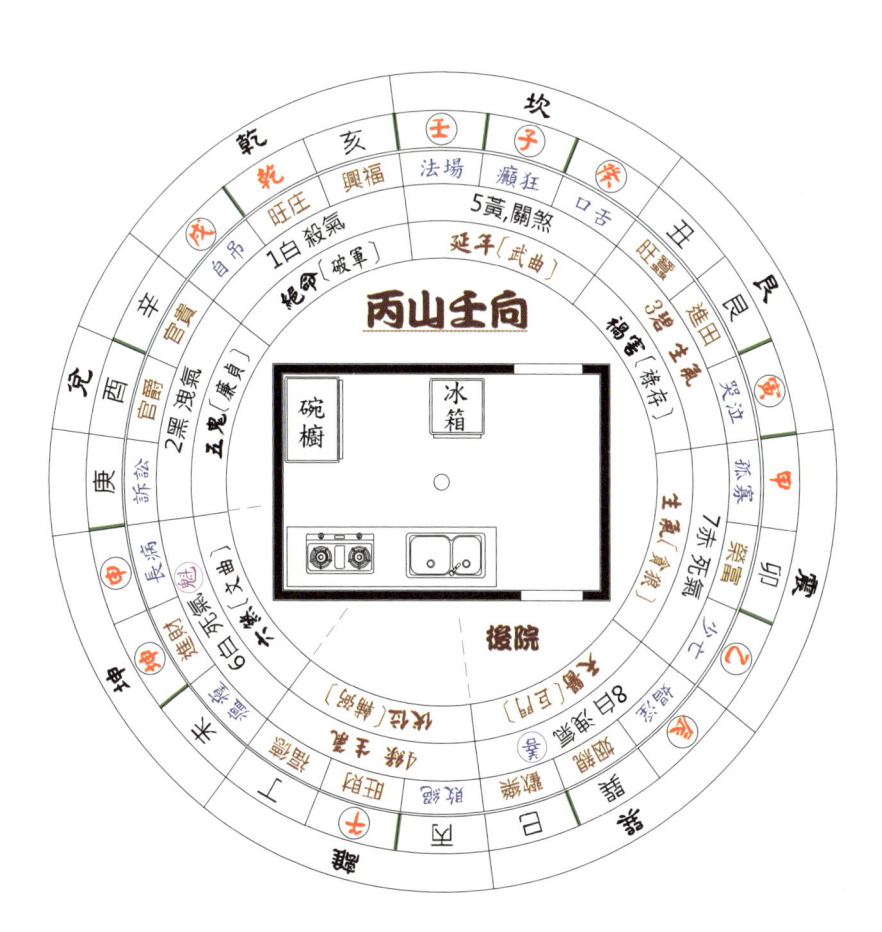

〔旁註：現代灶輕，不論壓煞；火氣能化煞，灶台設六煞無妨；玉輦經進財位，能添財祿與人口〕

●論天運納氣，以廚灶為立極點，進門納氣在艮8正神，故主功名富貴；然出後院門口納氣震3零神，兩者交會反主〔傷妻剋子、兄弟鬩牆、破財敗業〕，且多肝膽疾病及肢體損傷；又易有脾胃疾病、婦女墮胎。

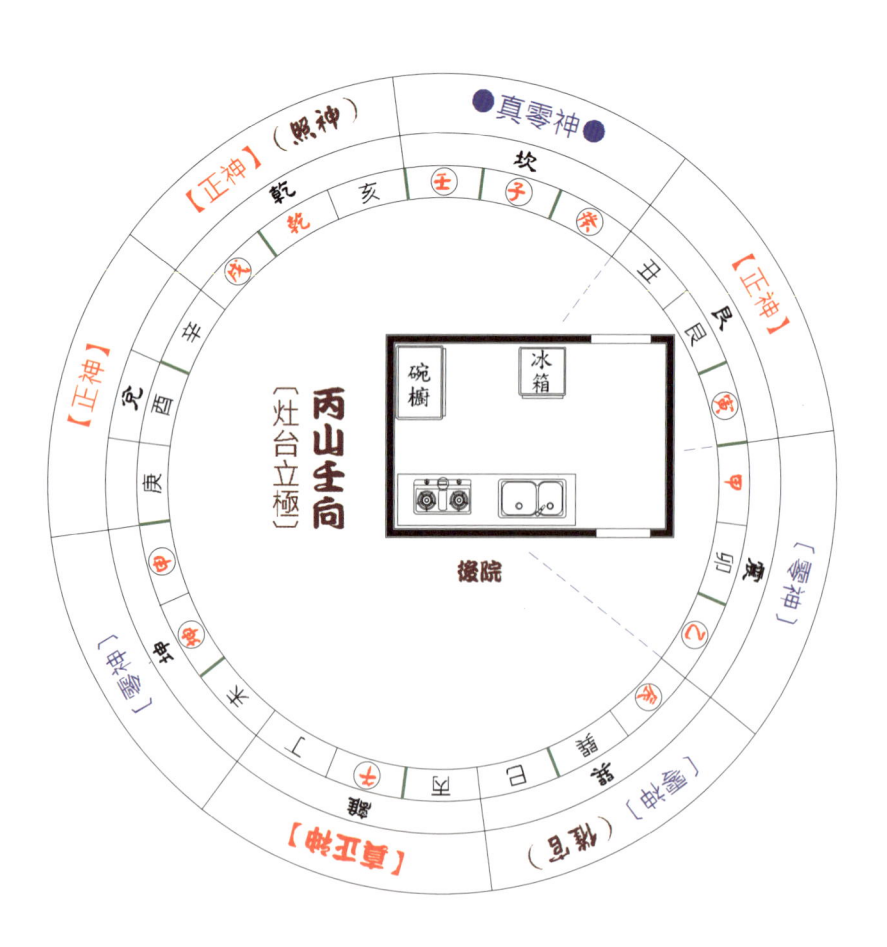

●天運納氣與地命合論，宜封閉廚房出後院之門，另尋他處門路通往後院，則可以人口平安且進財。

神位之安置例1。……坤山艮向。

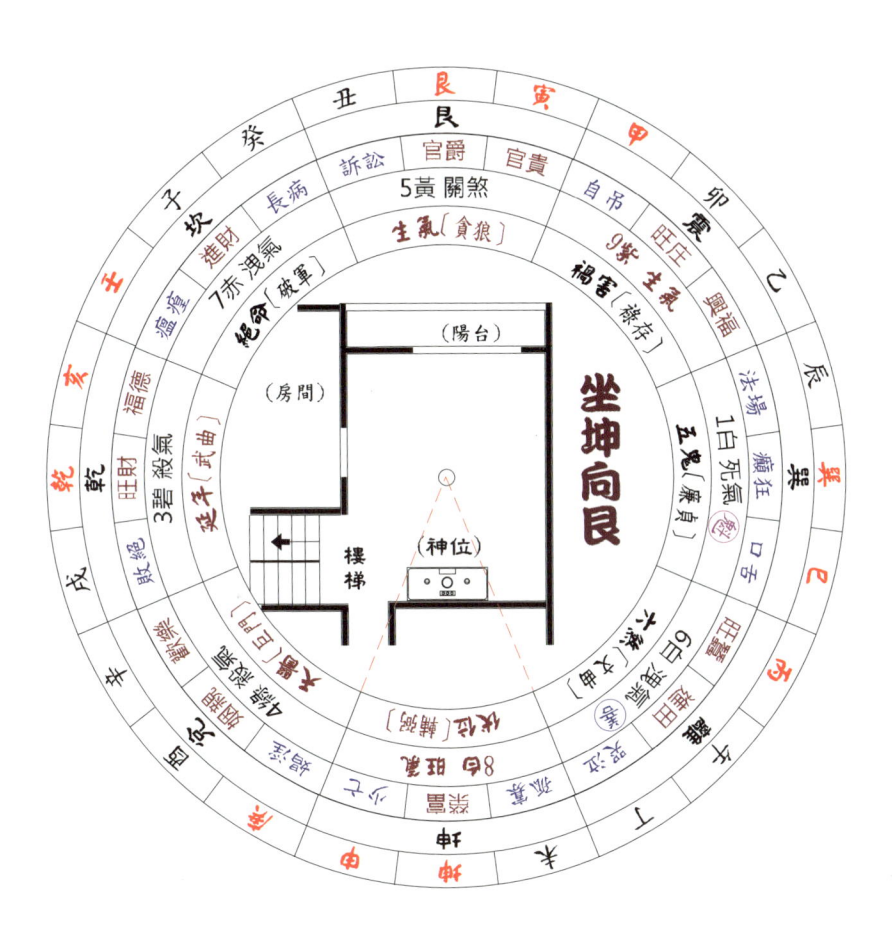

●坤山艮向的陽宅，以前方陽台最大納氣方為向。神位坐伏位、向生氣貪狼；左方樓梯口乾卦為延年，進內室的門路是兌卦屬天醫；論九運納氣，幾個氣口俱是正神。

〔獨白：神位坐向，不可與陽宅坐向相反〕

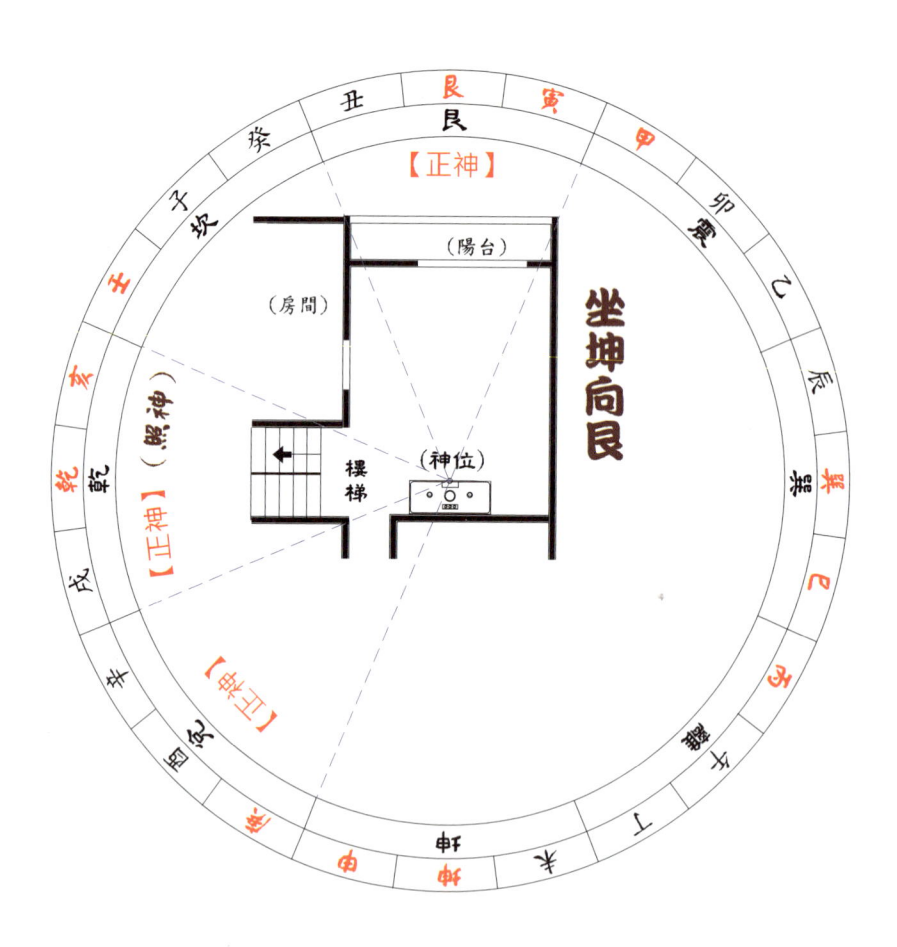

● 6白與8白納氣交會，主富貴功名，家業興盛。7赤與8白納氣交會，主財富大旺，且出官貴；家庭和睦，子女康順。6白與7赤納氣交會，文財武庫，官祿雙收。

卯山酉向

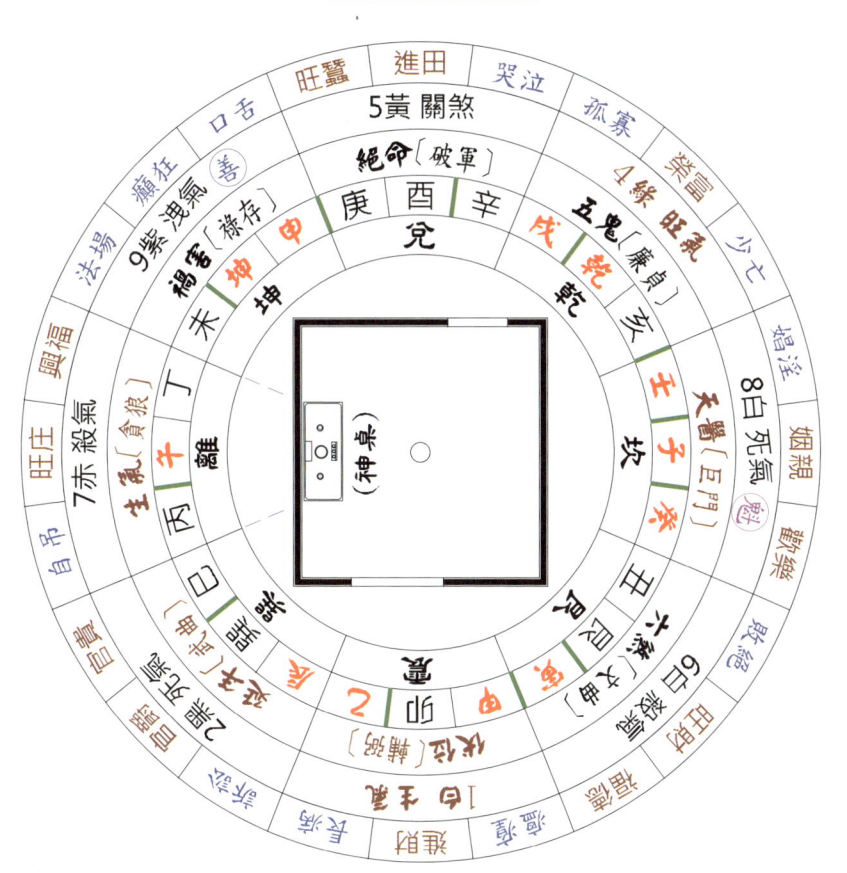

神位之安置例２。……卯山酉向。

●卯山酉向的陽宅，後房設神明廳，廳門居戌辛之間，廳後開窗卯乙。神桌若安右側坎位，雖是天醫吉方，卻逢門沖；因此安左側貪狼生氣方，可以求財求子。

卯山酉向

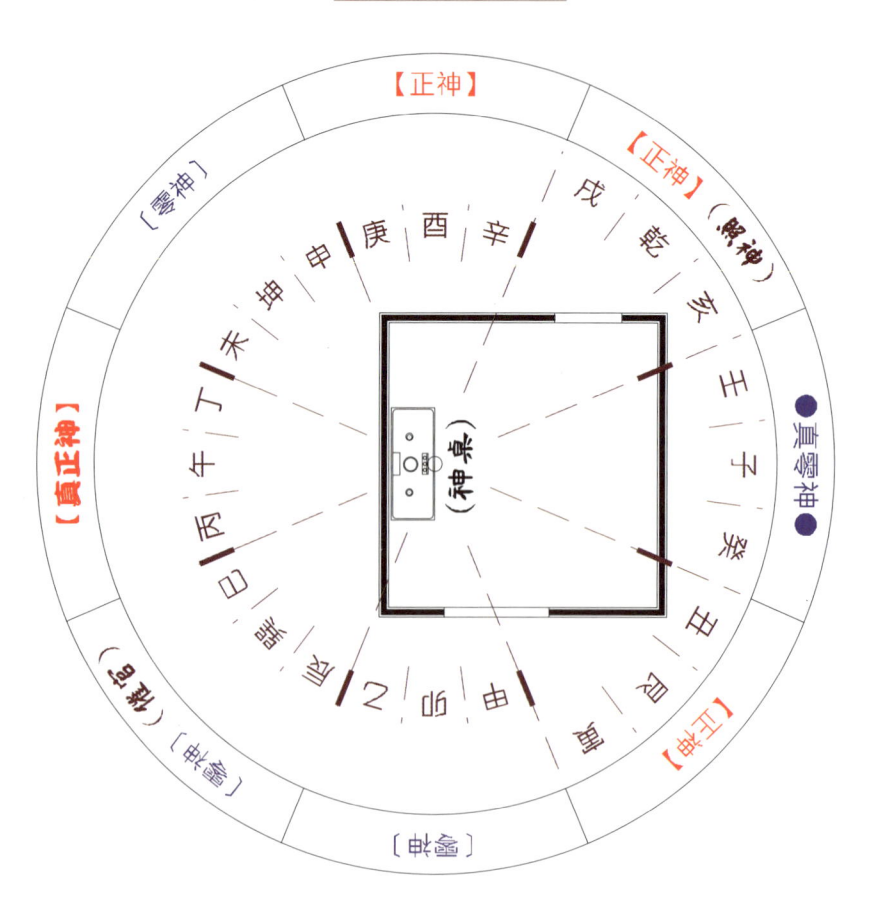

- 又宜稍偏向前，取玉輦之福興旺庄頻道，可以進田地、旺人口，又主福壽綿延。
- 論三元納氣，以神位為太極點，門納乾6正神照神，可以添丁發財，又發掌權之貴。唯後窗2與8交會，又恐多病而家多爭鬥口舌。

子山午向

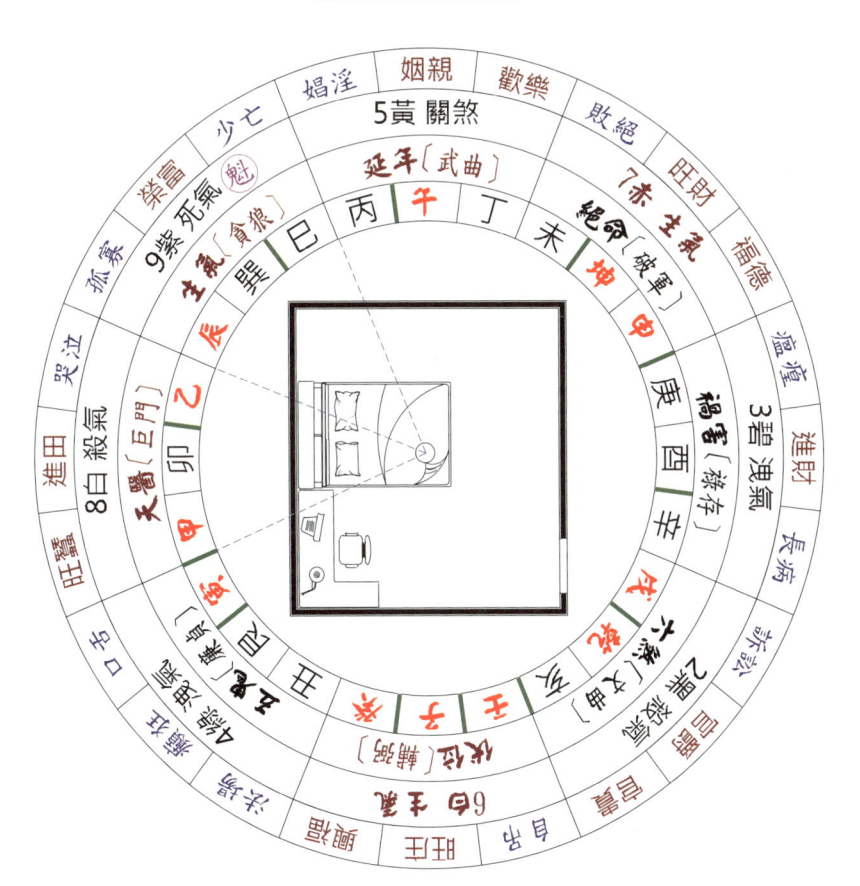

床位之安置例 1 ……子山午向。

● 陽宅子山午向，左側後端寢室。以寢室中心點為太極論地命，床位安置橫跨八宅之天醫與生氣，身體健康、活力充沛；若是夫妻房，宜於多生貴子。

〔旁註：若是房間夠大，偏置玉輦經之旺蠶進田則更佳〕

子山午向

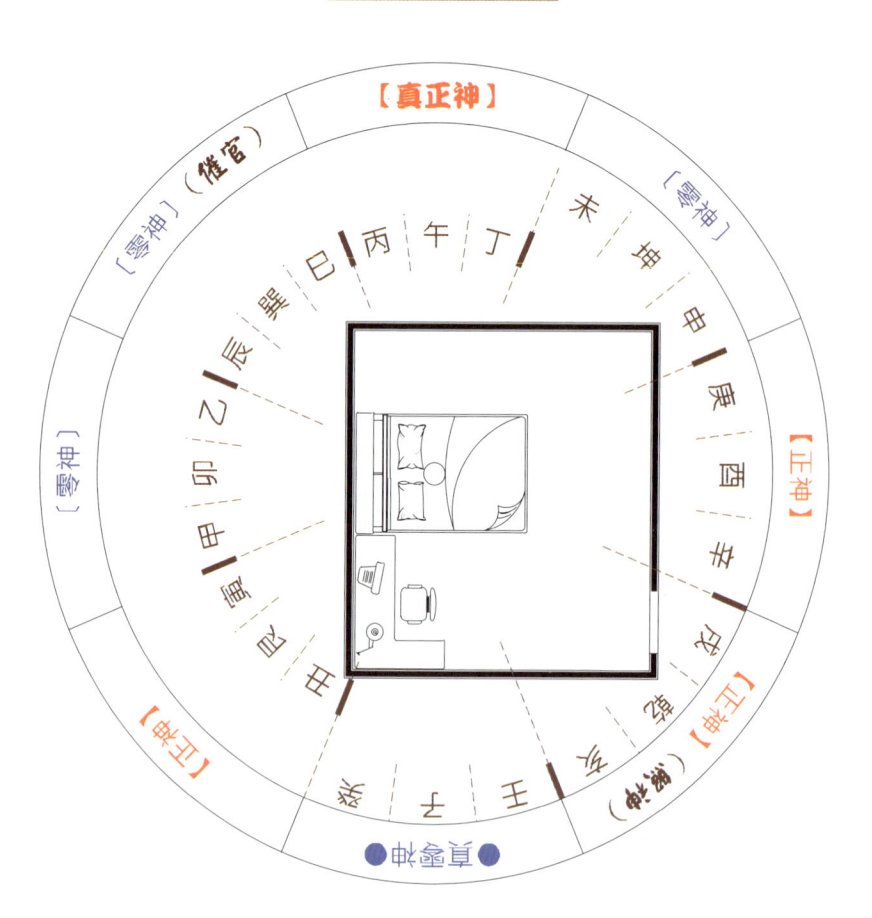

● 以床鋪頭部心臟立極，或以書桌立極，來察房門納氣；氣口房門俱在乾卦戌位。九紫運之乾6屬正神得運，宜於求貴，升學陞官晉職，多武貴掌權，應在長房。

子山午向

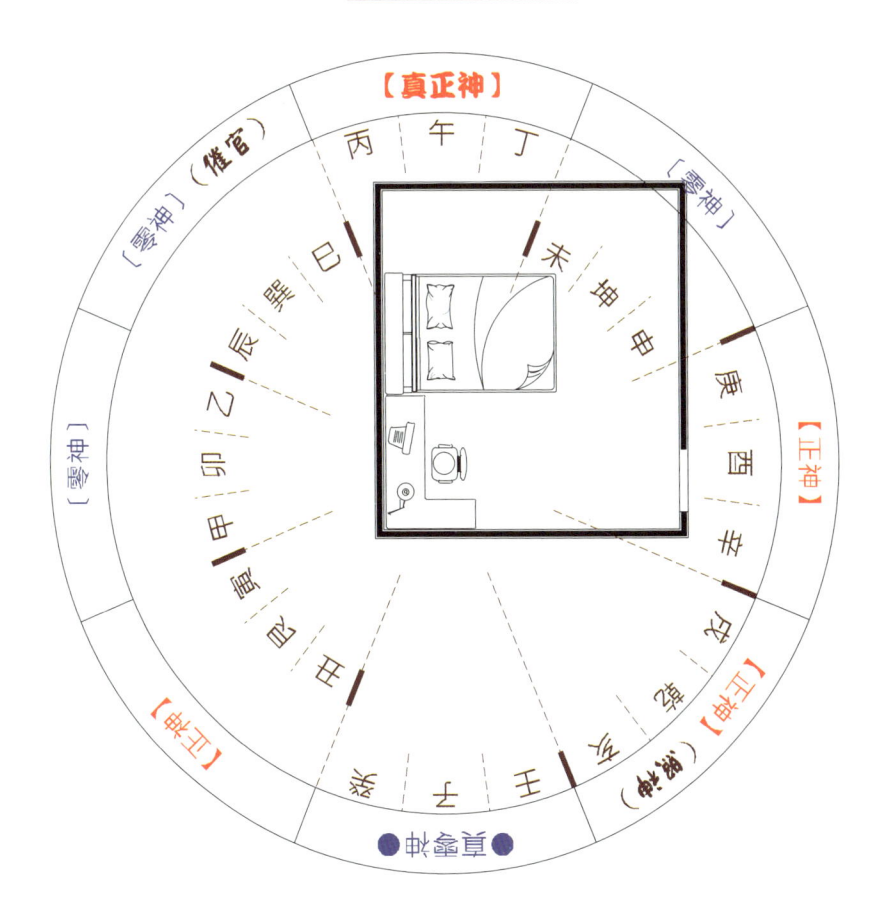

床位之安置例２。……乾山巽向。

●陽宅乾山巽向，後端右側寢室。以寢室中心點為太極論地命，床位安置八宅之延年武曲，最宜做孝親房，老人家床安延年位，則健康壽高。若是夫妻房，則夫妻情篤而婚姻美滿，又旺人丁、多生貴子。

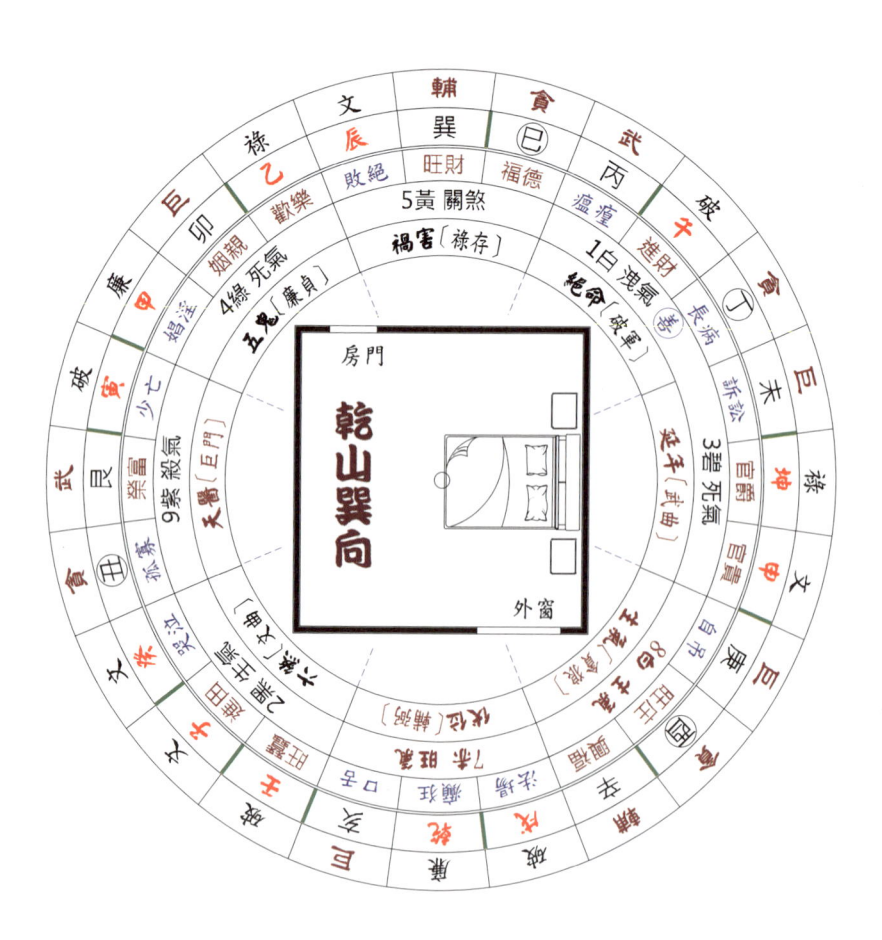

●以床位為太極點察納氣口，房門在震3零神方，易罹患〔**頭痛、耳鳴、肝病、腰酸骨疼**〕疾病。後面開窗乾6正神方，則主官貴事業可以得意。

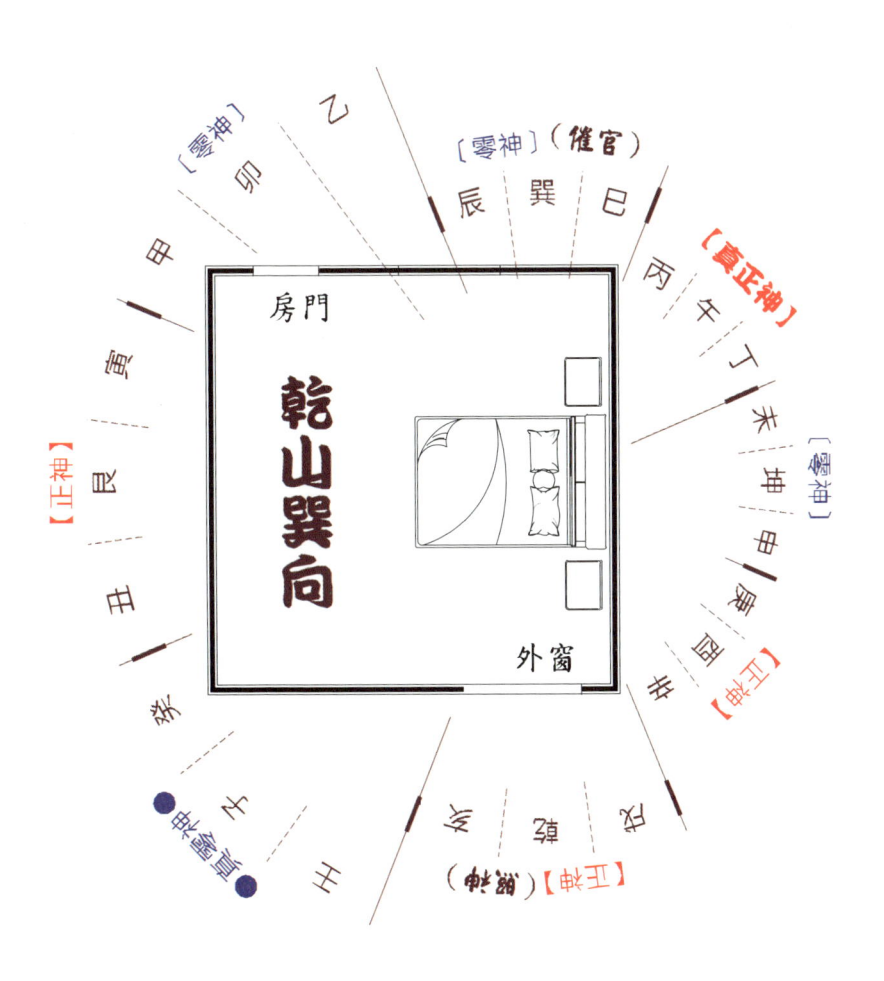

120　九運陽宅透析

床位之安置例３。……丑山未向。

● 論地命，以房間中心點為太極，床位座落在坤卦〔**生氣貪狼**〕兼及兌卦〔**延年武曲**〕，身體健康及旺人丁。

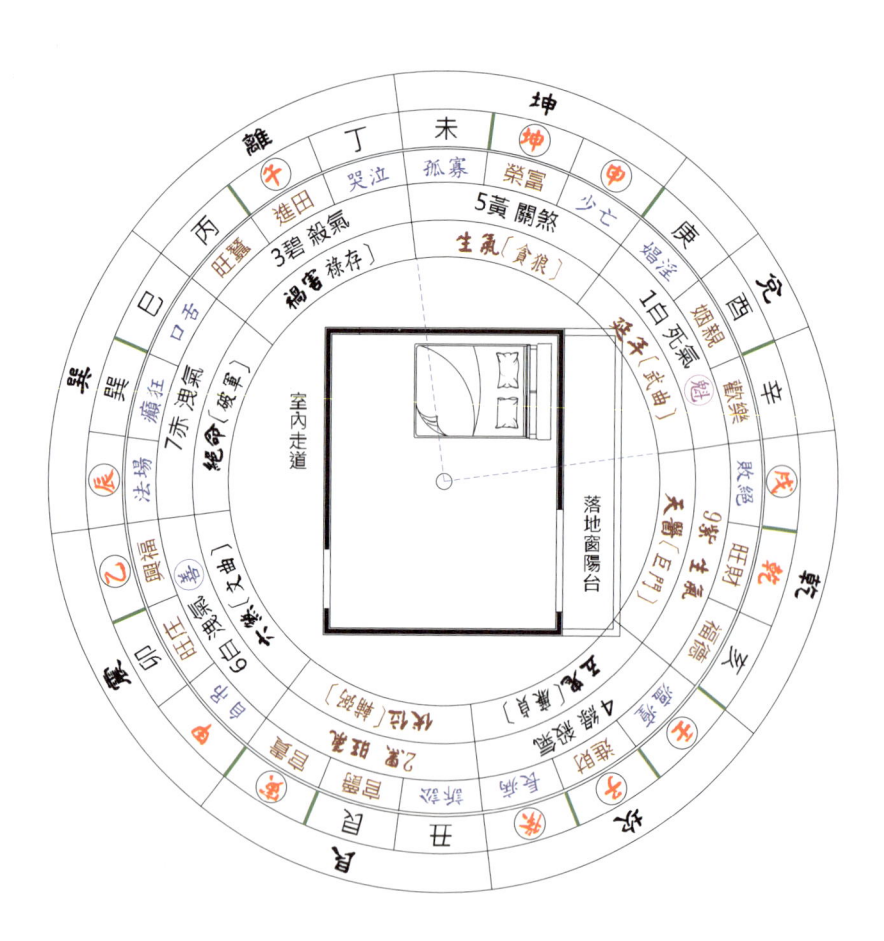

●論天運納氣,房門納震3零神之氣,陽台落地窗納坎1是真零神衰氣,易得肝膽疾病、喘咳、瘋癲、膿血以及腎耳疾病,又多四肢傷殘、中風殘疾。又主家出盜賊,犯官訟及牢獄、家境暴敗、離鄉漂流。

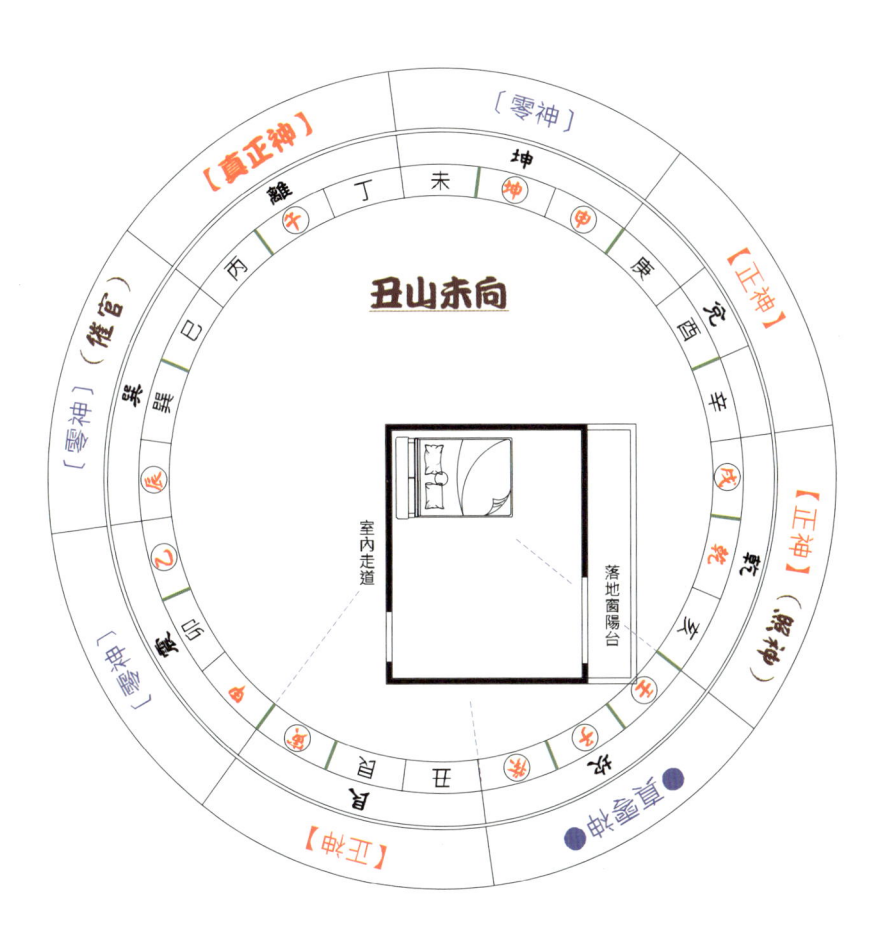

丑山未向

●在不改門窗的情況下，只能把床位從右前移到左前。床位坐八宅之〔絕命、禍害〕凶方，房門已改納艮8正神之內氣；唯最大納氣口之陽台落地窗仍納衰神。整體而言，此房開門格局太差，難以僅靠太極點移動來改善，最好還是改造門窗吧！

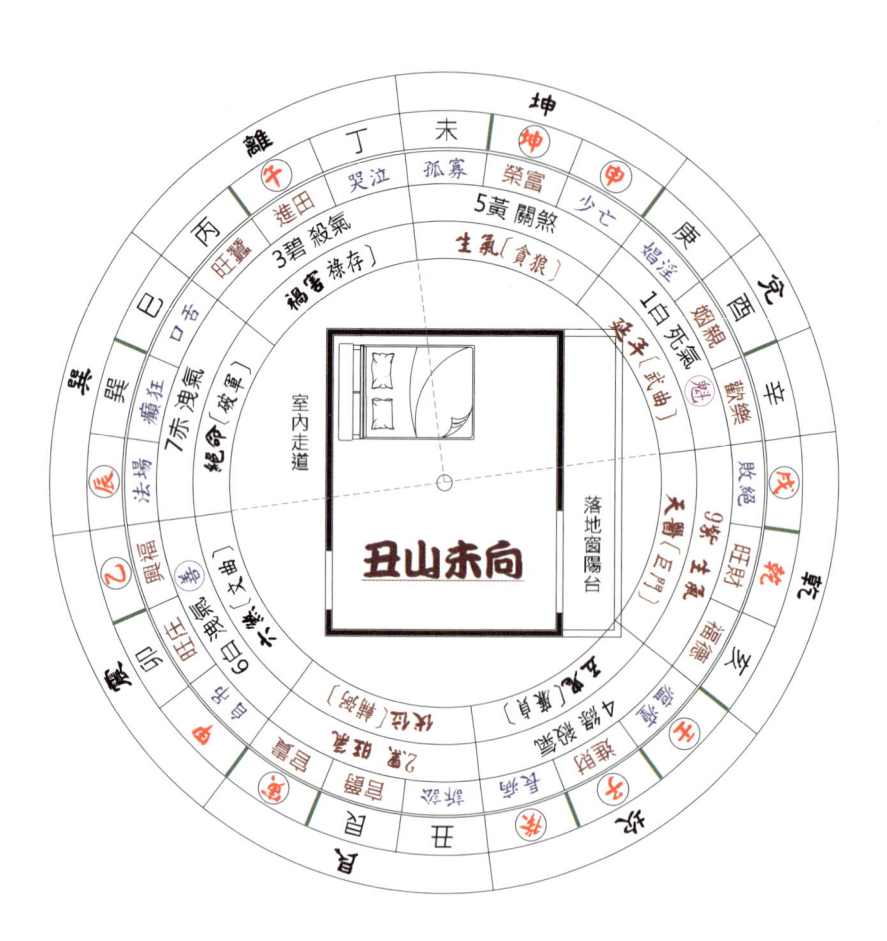

陽宅地理闡述　123

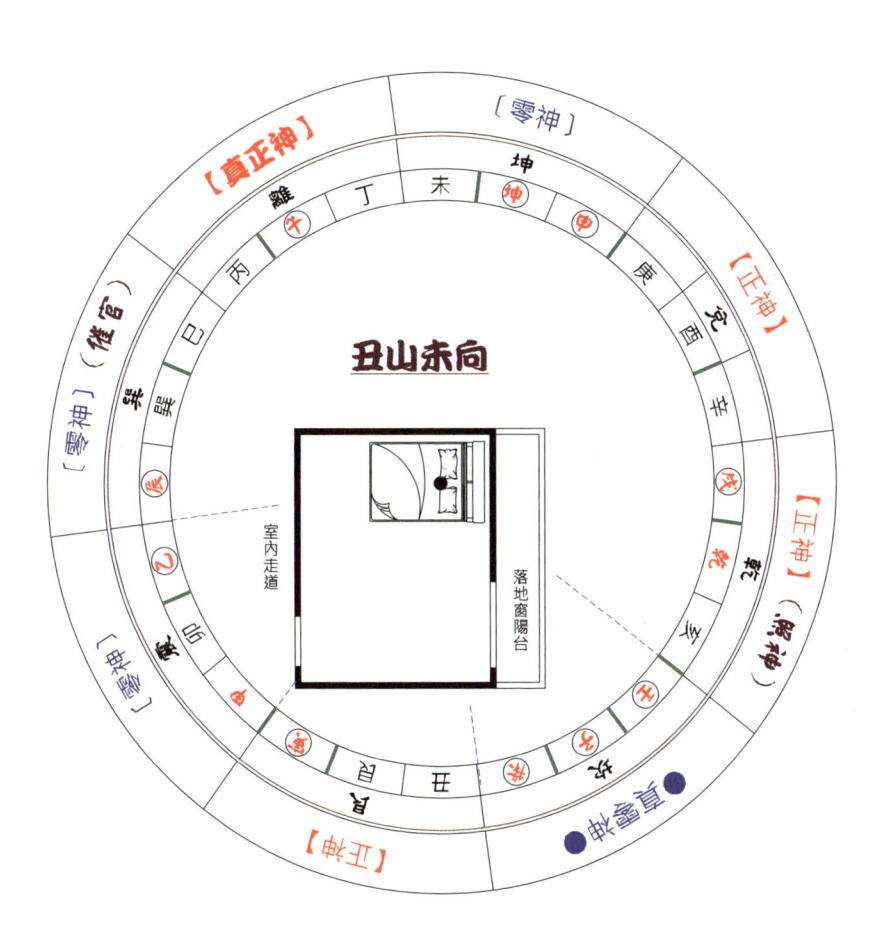

丑山未向

●落地窗位置不改,把是室內走道進入房間的門往前移;如此則床鋪可以往後端移動。

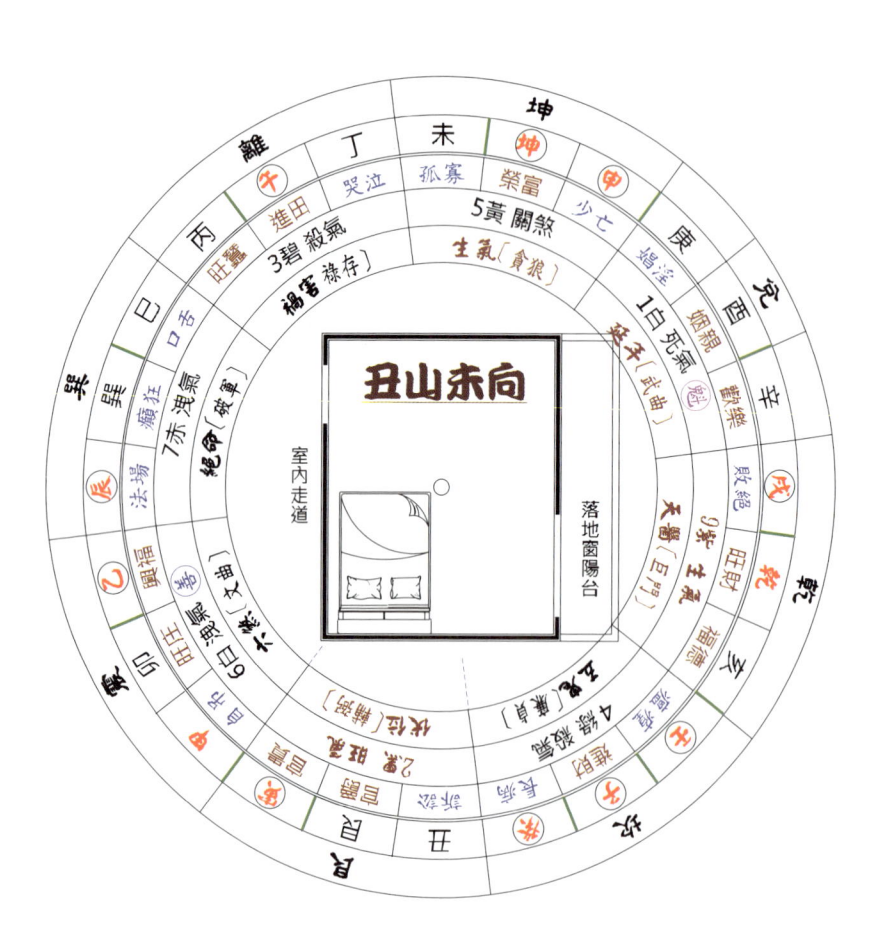

●論八宅地命，則床位落在〔**伏位輔弼**〕吉神。論天運納氣，房門納離9正神內氣，而陽台落地窗，納乾6兼兌7正神外氣。如此內外氣全吉，富貴康健。

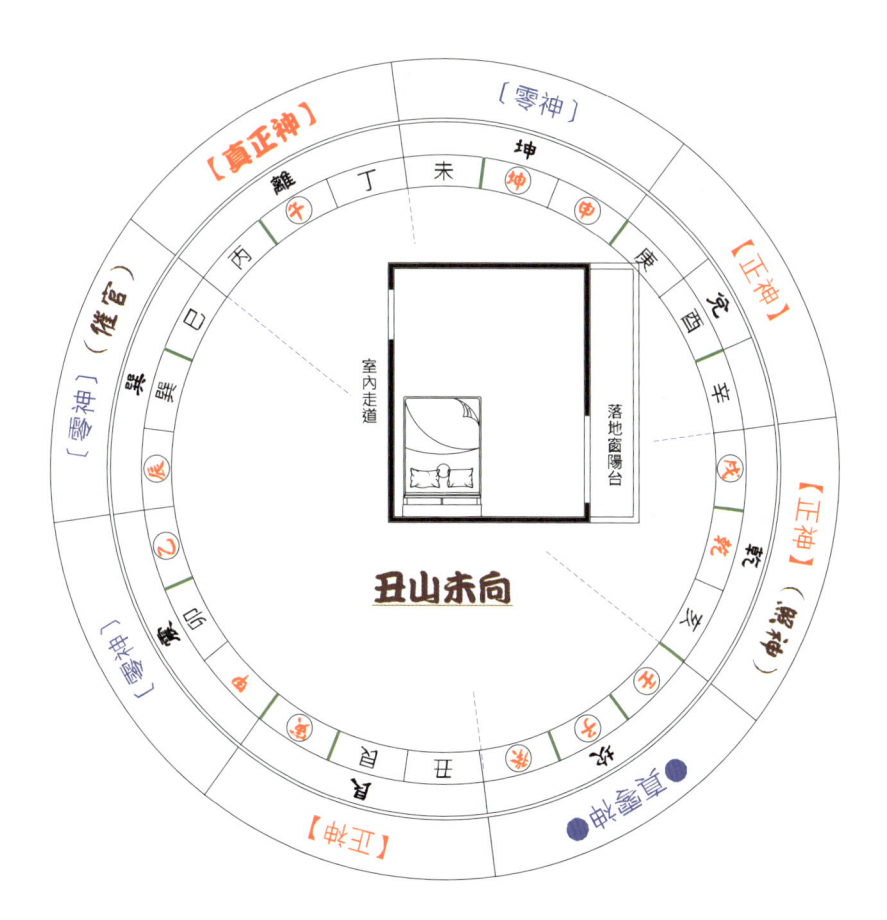

丑山未向

床位之安置例 4。……申山寅向。

● 申山寅向陽宅，樓梯在坐山端，樓上前端房間。房門在後，向方開窗。床安左側中段。

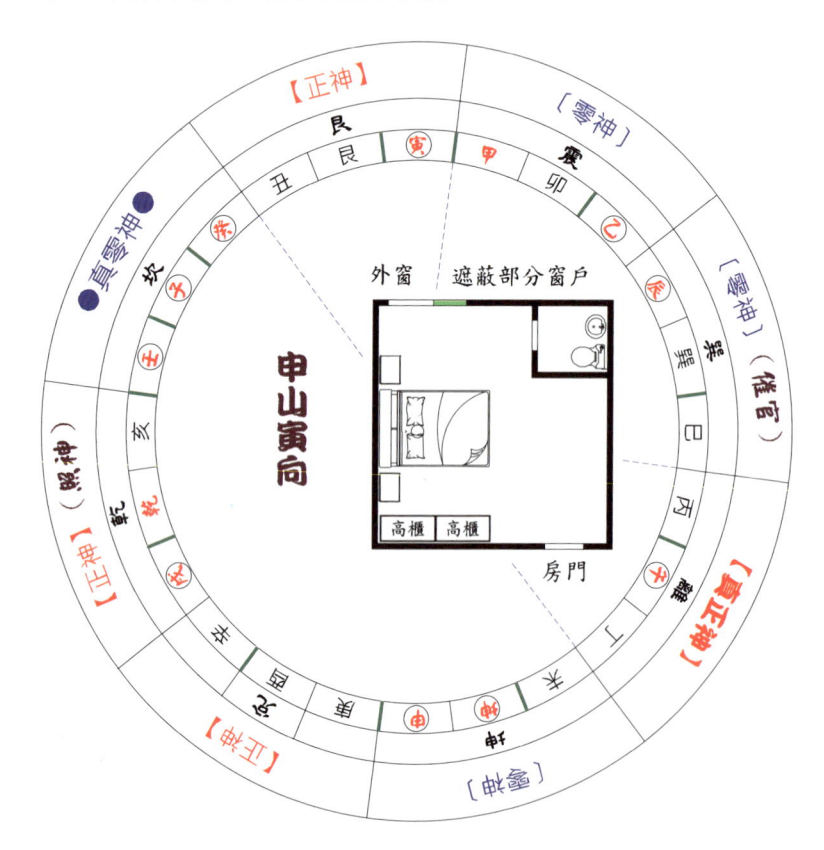

（圖：申山寅向羅盤圖，內含臥室配置——外窗、遮蔽部分窗戶、房門、高櫃、床）

● 以房床頭部立太極，房門座落離卦，納離 9 正神之氣；然外窗較大，納到艮 8 正神旺氣，兼及震 3 零神衰氣。前方窗戶宜遮蔽右側震卦部位，如此則納氣全吉，文章科第、商場發富。

〔旁註：若兼震 3，易患肝膽腿足疾病，睡久亦出躁鬱〕

床位之安置例 5。……未山丑向。

● 未山丑向陽宅，樓梯在坐山端，樓上前端房間，屋外有陽台。房門在後端左側，向方陽台面有落地窗。房床安在右側中段，尾端右側床旁放置書桌。

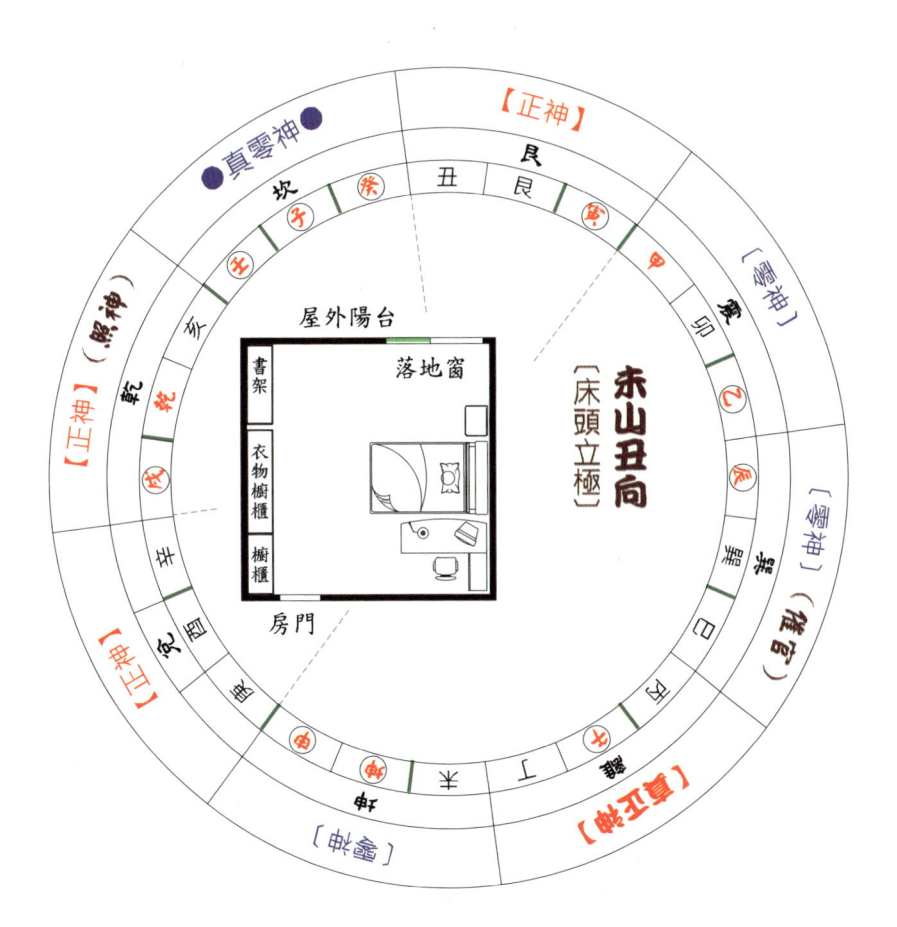

● 以房床頭部立極，房門落在兌卦，納兌7正神內氣；前面向方落地窗橫跨艮卦及坎卦，納外氣有艮8正神旺氣，兼及坎1零神衰氣。最宜窗簾遮蔽落地窗左側的坎卦部分，如此則純納〔兌7艮8〕正神旺氣而全吉。

〔旁註：納氣若兼及坎1，易患生殖泌尿系統疾病〕

● 由於書桌緊鄰床頭，以書桌立極，納氣無啥不同。

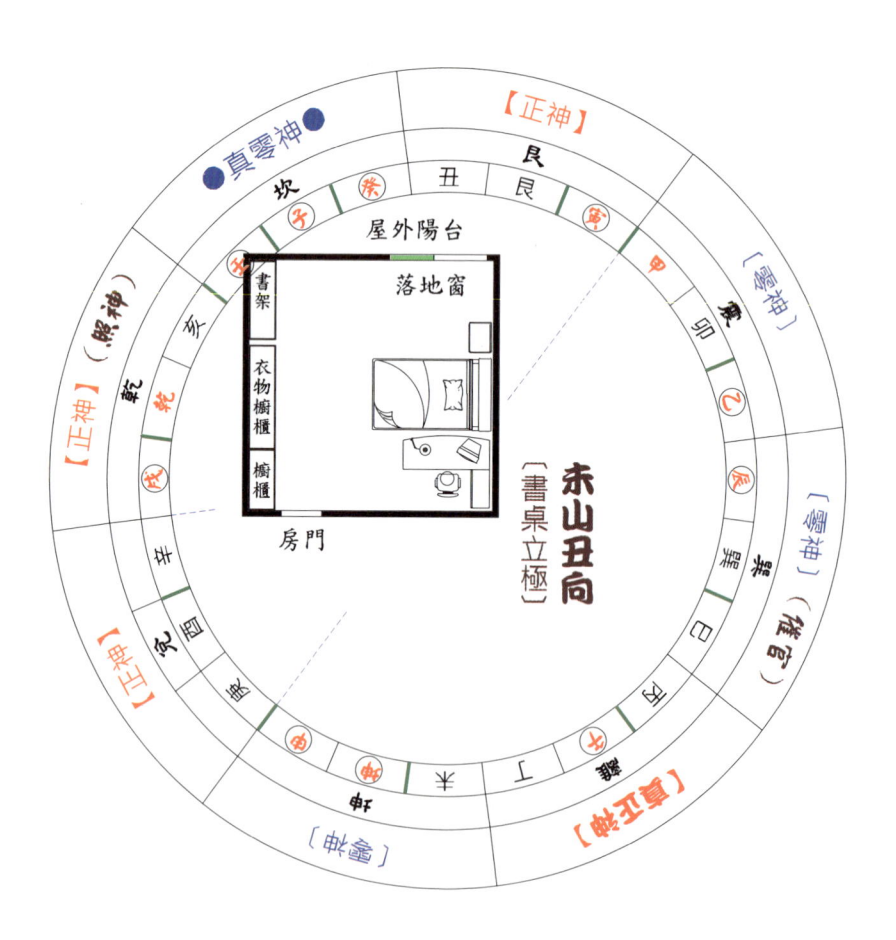

床位之安置例 6。……巽山乾向。

●巽山乾向陽宅，樓梯在坐山端，樓上前端房間，屋外有陽台。房門在後端左側，向方陽台面有落地窗。房床安在右側中段，床旁尾端放置梳妝台，床頭的前端靠近落地窗的地方則放置書桌。

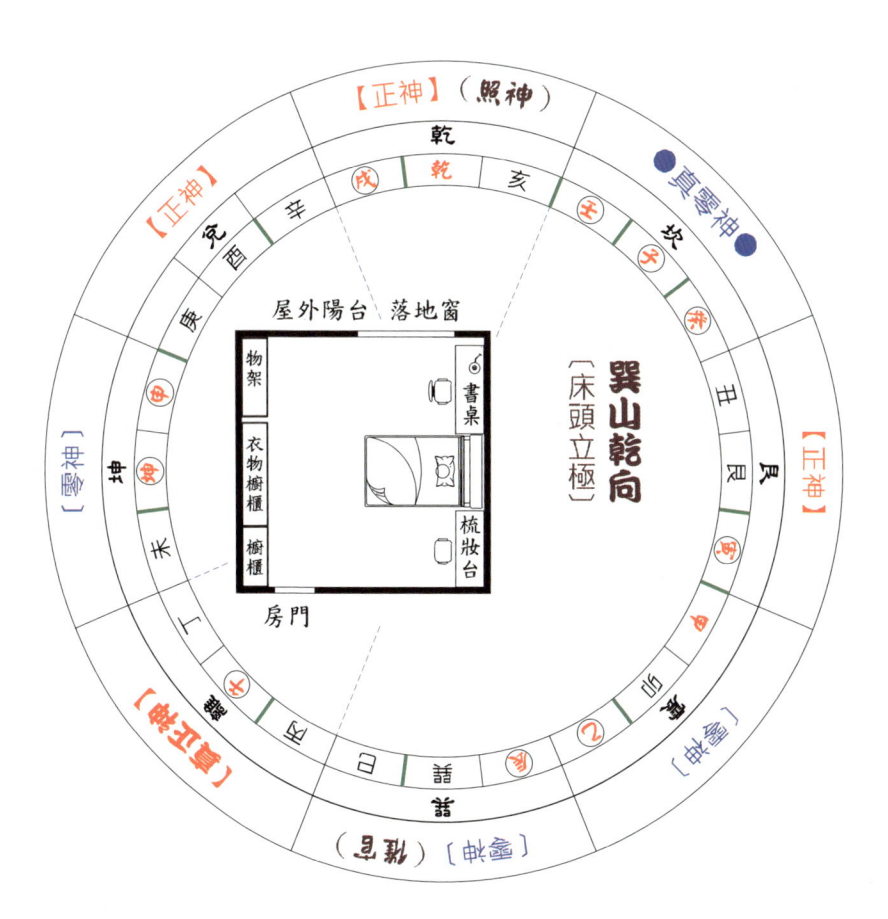

● 以床鋪頭部立極，房門落在離卦而納離9正神內氣，可以添丁發財；落地窗納乾6兼兌7正神外氣，可以文財武庫，官祿雙收。。以書桌立極，書桌緊鄰床鋪，故而兩者納氣完全相同，沒有分別。

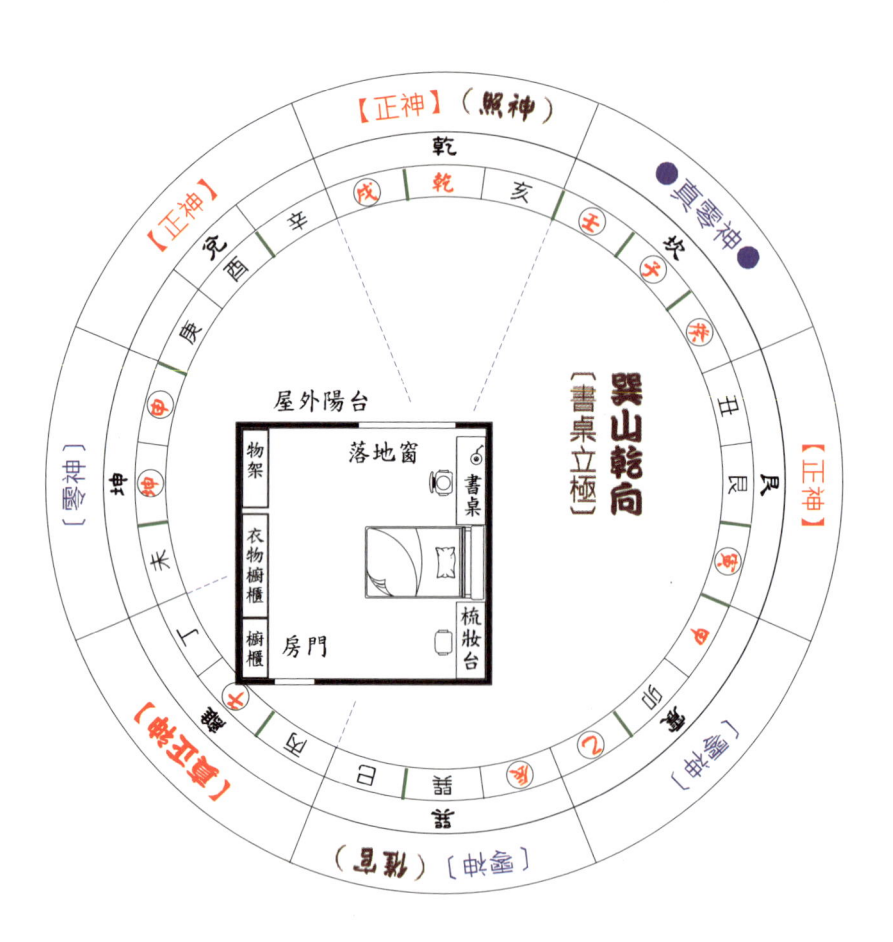

辦公書桌位之安置例1 。……庚山甲向。

- 書房以書桌座椅為太極點，察右側房門納氣；丙山離卦在9紫運屬真正神，主文章科第、驟發榮顯。
- 若是企業主管辦公桌，則可驟發巨富，商場得意。

〔旁註：火性暴烈，故主快速爆發〕

庚山甲向

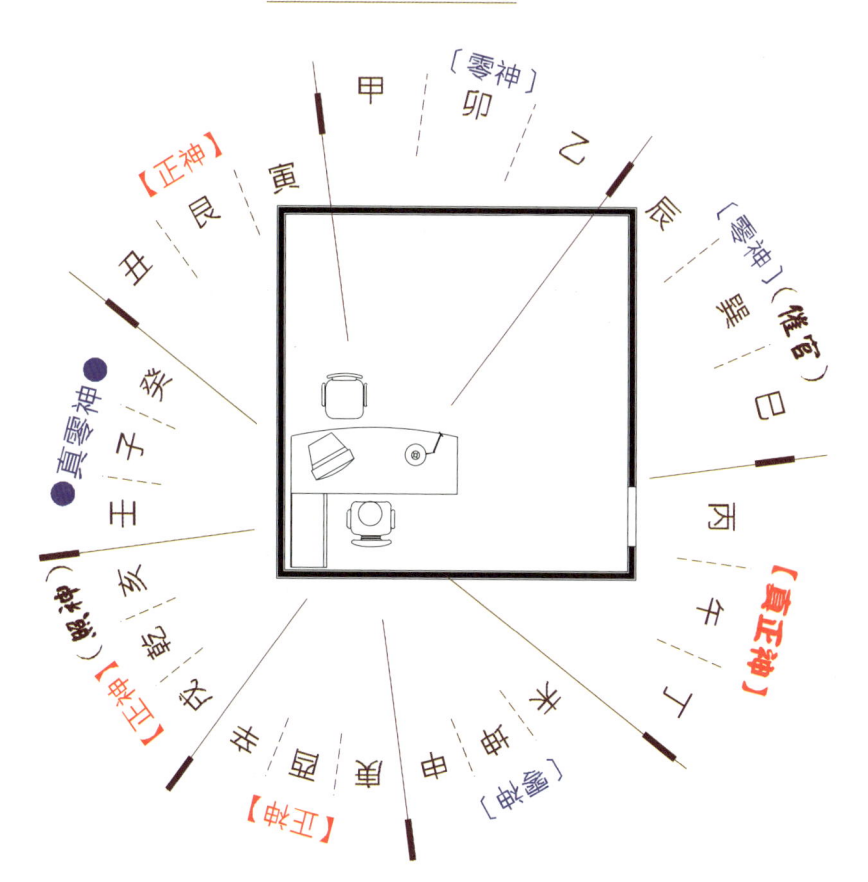

辦公書桌位之安置例2。……酉山卯向。

●酉山卯向陽宅，內設主管辦公室，室門就在左側前端，辦公桌設在後端中間，右側開窗受外氣。辦公桌立極，通道室門在艮卦，納艮8正神內氣，內部營運順利、部署忠誠；窗戶則落離卦而納離9外氣，商場發達。

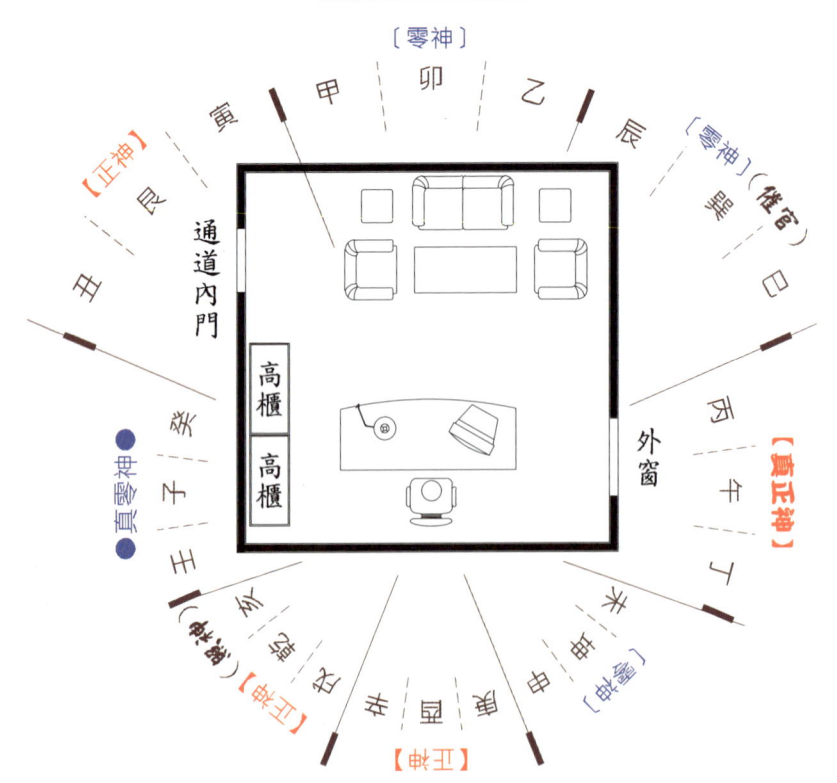

客廳沙發安置例 1。……坤山艮向。

● 坤山艮向陽宅，客廳前開虎門，後左側開門進入內室。沙發當著大門而放，以沙發中間立太極，則大門在艮卦而收納艮 8 正神外氣，出外得貴且發富；內門落兌卦而收兌 7 正神內氣，內部管理得到尊重、可以推動。

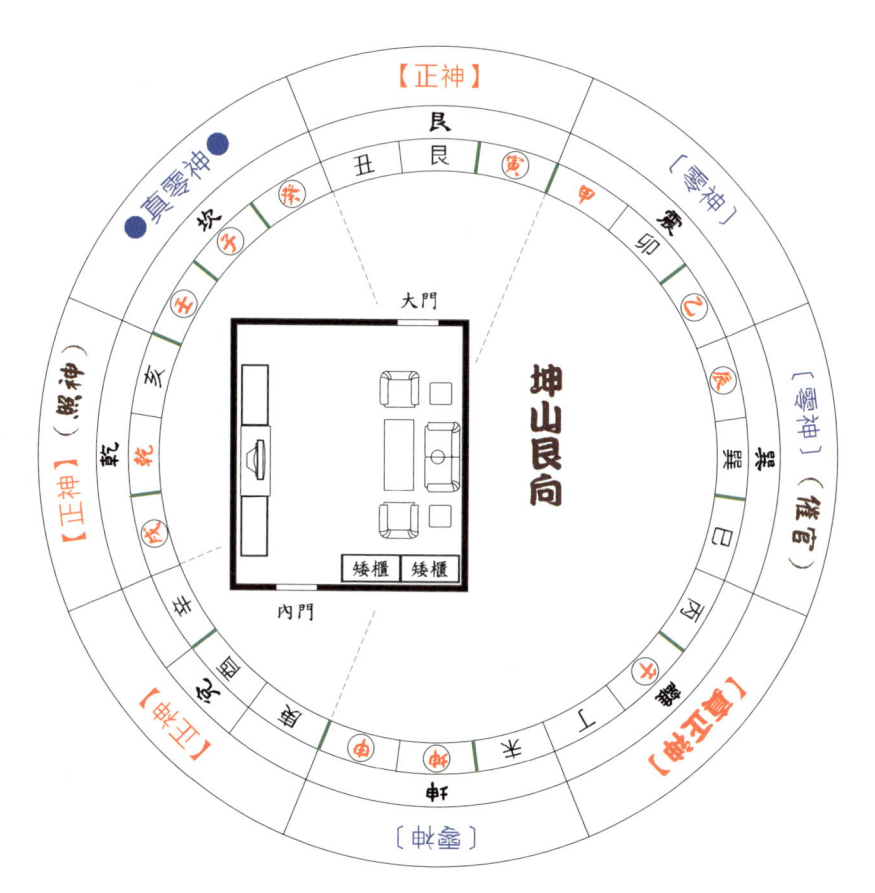

筆 記 欄：

地命納氣吉凶斷驗

〔**地命地氣總成**〕

◎論地命地氣之納，通常將〔**八宅、玉輦經、紫白飛星**〕綜合運用，以安置〔**門路、神位、灶位、房床**〕。

〔旁註：三者總合論斷，帶兩者之吉，即是可用〕

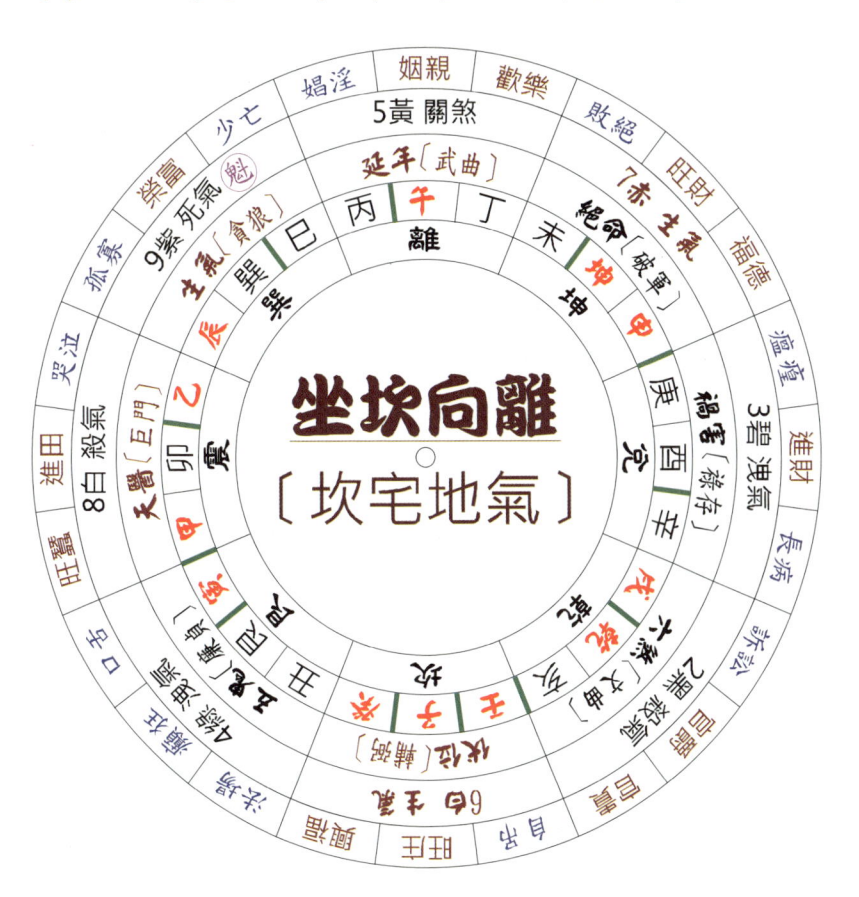

坐坎向離
〔坎宅地氣〕

〔旁註：基本的原理，**吉氣宜動、煞氣宜靜**。人的出入與移動，必定會攪動氣流，因此門桌神灶床之類，居人活動之處，就不宜設在希望安靜的凶方，反必須安裝在吉方，藉由人的運動，激動吉氣，從而使整個宅第籠罩在吉氣之下，並藉以生福〕

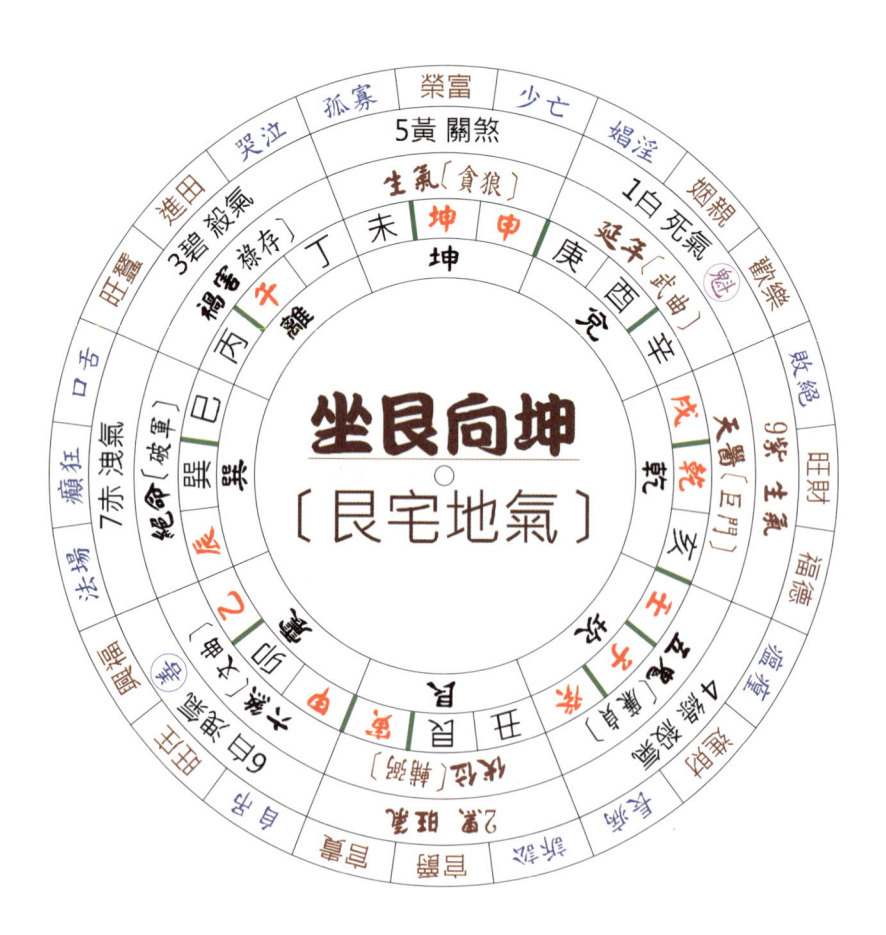

地命納氣吉凶斷驗

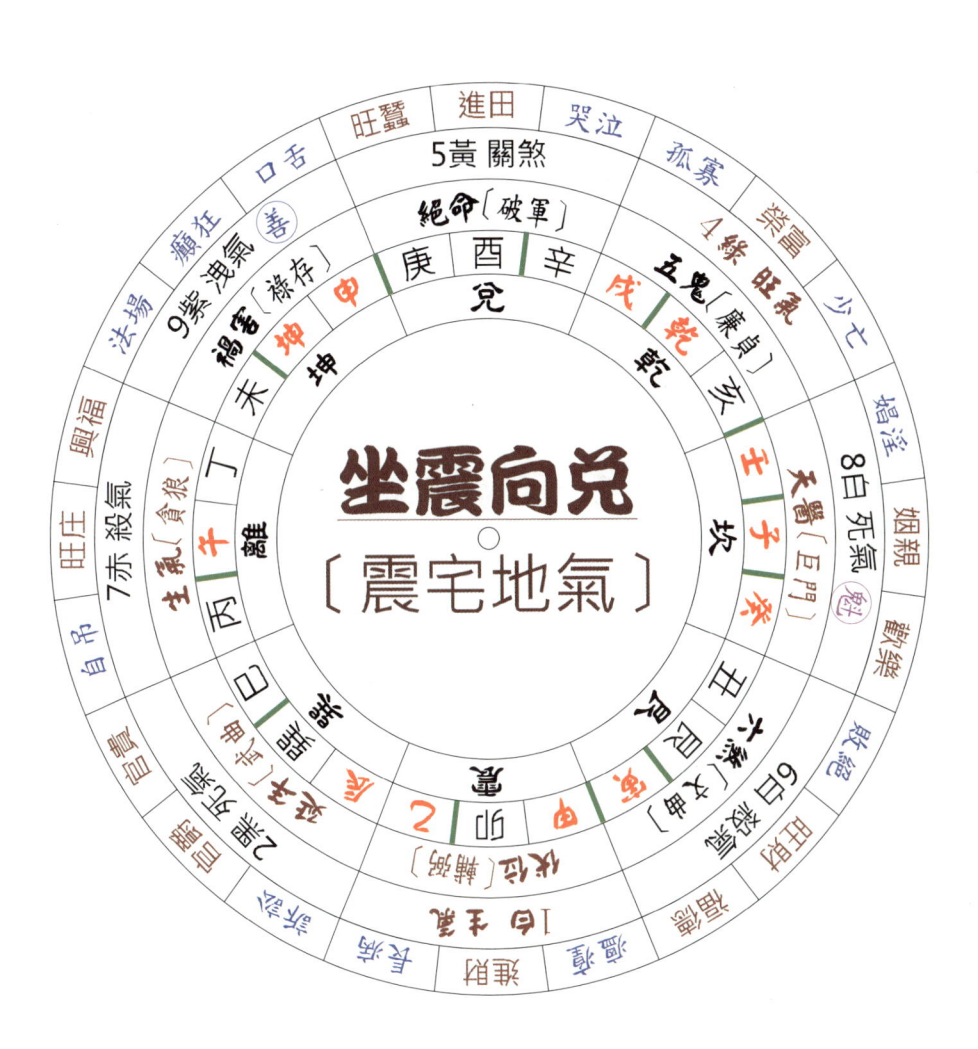

坐震向兌 〔震宅地氣〕

138 九運陽宅透析

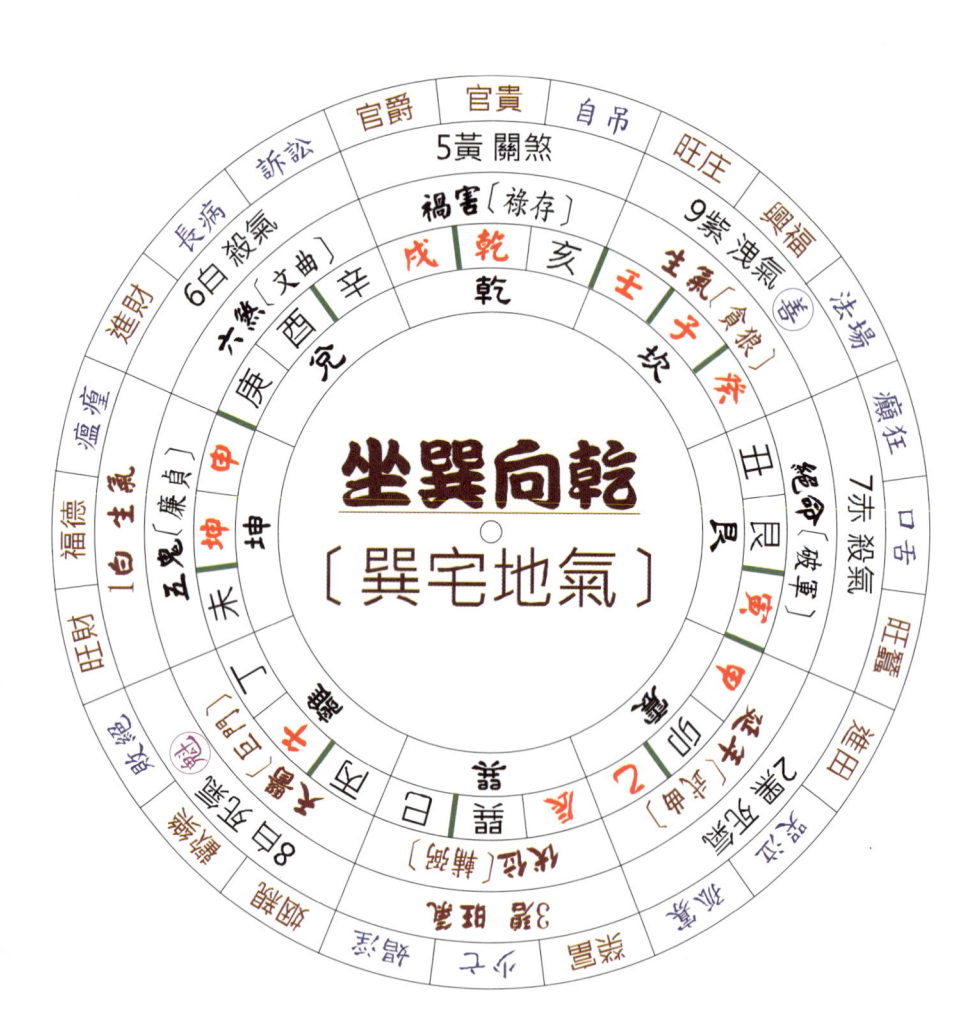

坐巽向乾〔巽宅地氣〕

地命納氣吉凶斷驗

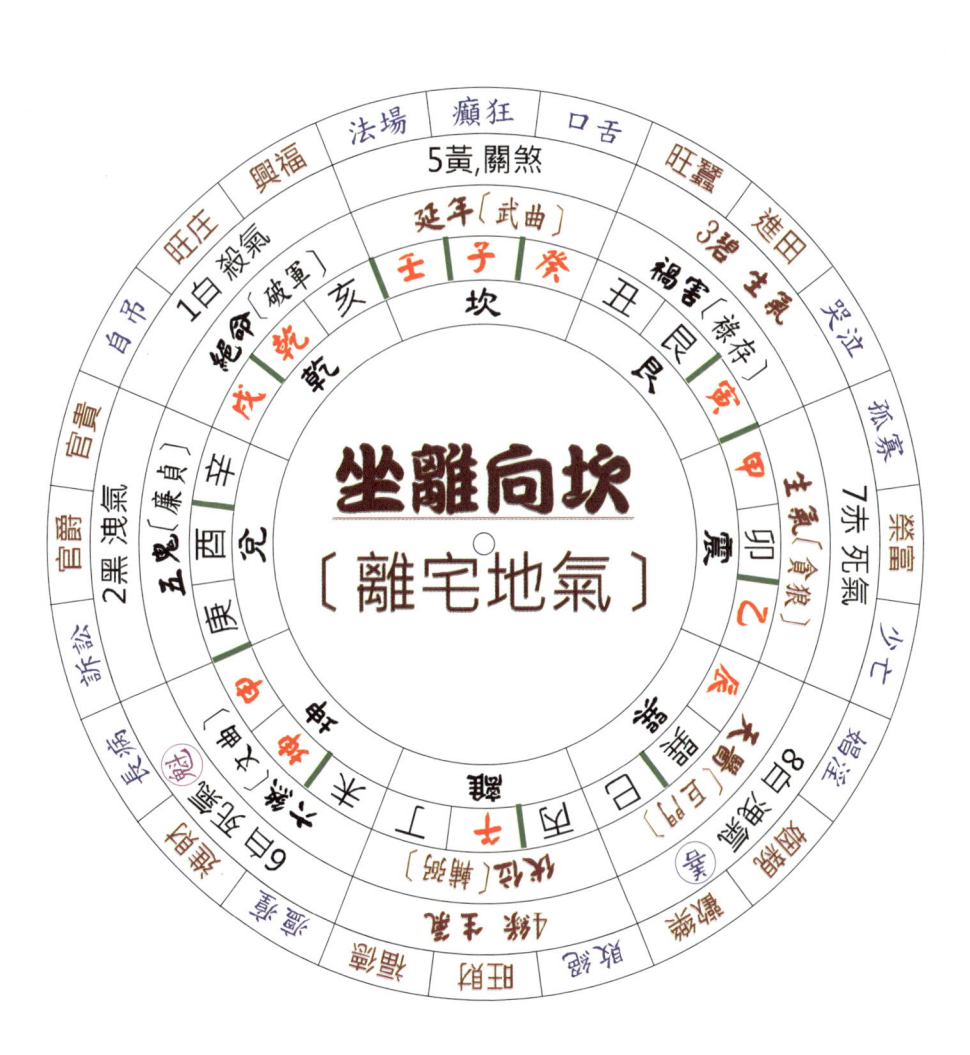

坐離向坎〔離宅地氣〕

- 壬子癸 延年〔武曲〕 5黃,關煞
- 丑艮寅 禍害〔祿存〕 3碧主氣
- 甲卯乙 生氣〔貪狼〕 7赤死氣
- 辰巽巳 天醫〔巨門〕 8白海底氣
- 丙午丁 伏位〔輔弼〕 4綠主氣
- 未坤申 六煞〔文曲〕 9紫死氣
- 庚酉辛 五鬼〔廉貞〕 2黑洩氣
- 戌乾亥 絕命〔破軍〕 1白殺氣

外圈:
癲狂 / 口舌 / 旺蠶 / 進田 / 哭泣 / 孤寡 / 榮富 / 少亡 / 婚淫 / 鍋鑊 / 瘟癀 / 痘疹 / 旺田 / 絕嗣 / 瘋王 / 瘟瘟 / 瘟疫 / 9日尅殺〔甲庚〕/ 長病 / 訴訟 / 官爵 / 官貴 / 自吊 / 旺庄 / 興福 / 法場

140　九運陽宅透析

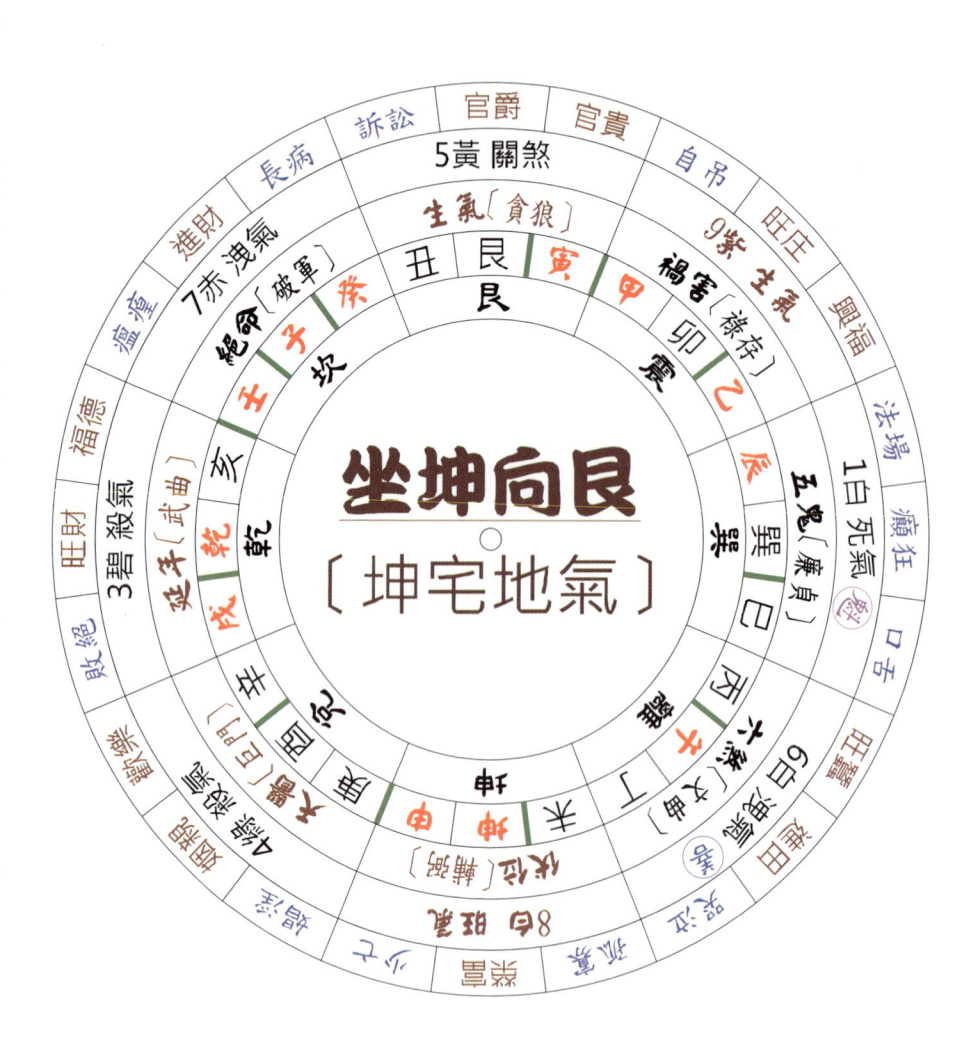

坐坤向艮〔坤宅地氣〕

地命納氣吉凶斷驗

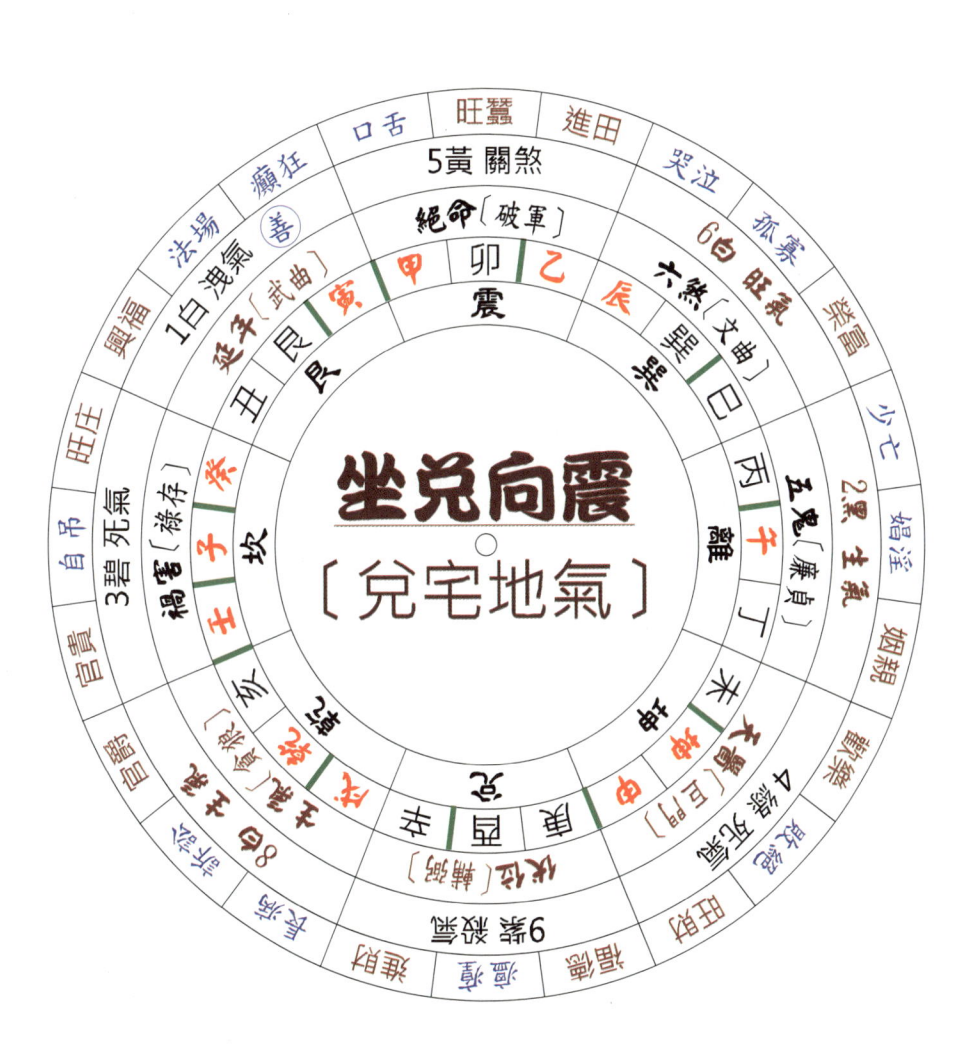

坐兌向震〔兌宅地氣〕

（圖中文字，由外至內、順時針方向）

外圈：口舌、旺蠶、進田、哭泣、孤寡、榮昌、少亡、娼淫、姻親、歡樂、敗絕、田財、進財、庫藏、進財、6綠 絕氣、轉祿、諸吉、旺丁、官爵、官貴、自吊、旺庄、興福、法場、癲狂

中圈：5黃 關煞（絕命〔破軍〕）、6白 旺氣（六煞〔文曲〕）、5鬼〔廉貞〕、4綠 死氣〔禍害〔巨門〕〕、6綠 絕氣〔轉祿〕、絕命〔破軍〕、8白 生氣〔貪狼〕、3碧 死氣〔禍害〔祿存〕〕、1白 洩氣〔延年〔武曲〕〕

內圈天干地支：甲、卯、乙、辰、巽、巳、丙、午、丁、未、坤、申、庚、酉、辛、戌、乾、亥、壬、子、癸、丑、艮、寅
震、離、坤、兌、乾、坎

142　九運陽宅透析

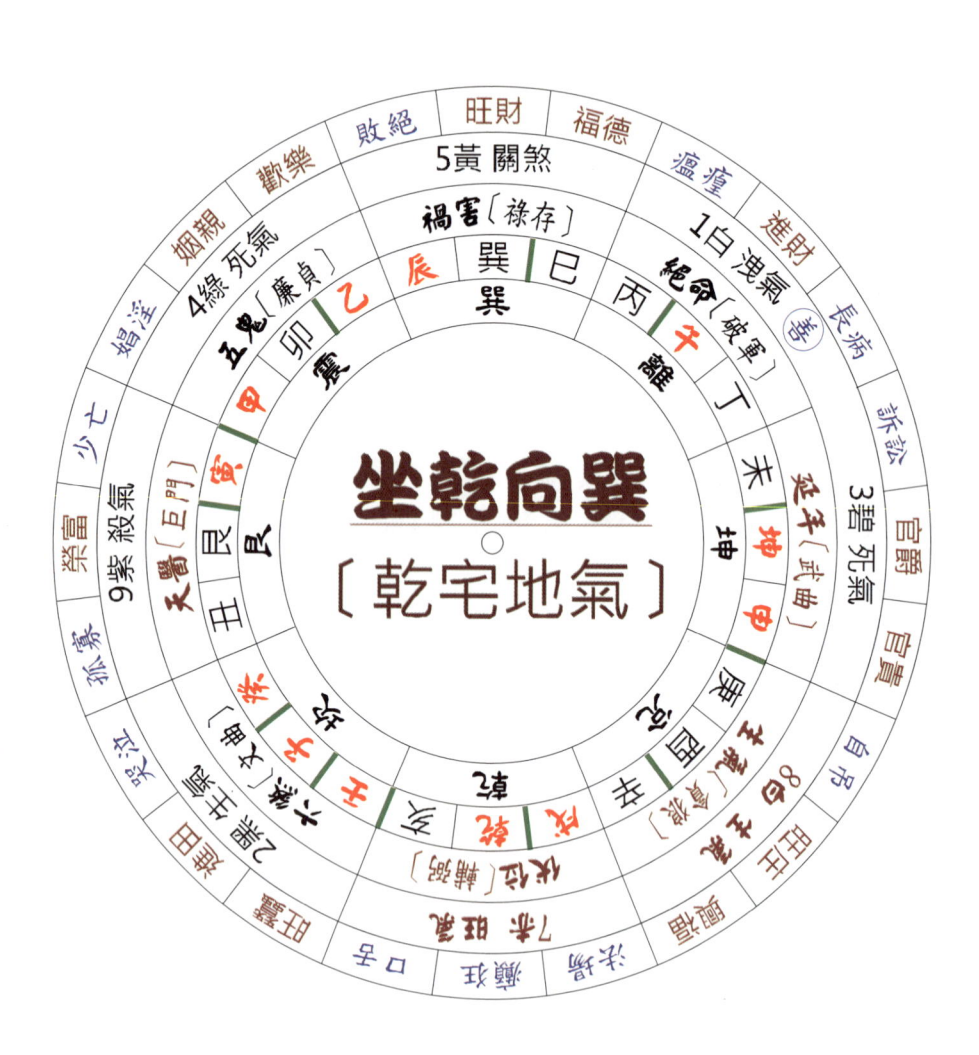

坐乾向巽〔乾宅地氣〕

〔八宅〕

◎陽宅論八卦，有〔**伏位、生氣、天醫、延年**〕四吉位，以及〔**絕命、五鬼、禍害、六煞**〕等四個凶方。

◎凡〔**門路、神位、灶位、房床**〕俱宜安於四吉位；四凶煞位則宜安放櫥櫃或其他重物，是謂〔**壓煞**〕。

〔旁註：昔時用大灶重物，可安四凶煞位，取**制煞**之義；然今日多用瓦斯爐或電鍋，制煞之性幾失，灶位還是取用四吉位安置吧！〕

生氣。……貪狼木星。

● 〔**門路、神位、灶位、房床**〕若安生氣方，主旺人丁、催官出大富貴。求財、求子，最宜作生氣灶

● 富貴主發長子，應驗在〔**甲乙、亥卯未**〕年月。

〔旁註：生氣貪狼屬木，故應在甲乙及三合木的年月〕

天醫。……巨門土星。

● 來路房床灶得天醫方，亦主丁財與健康。

● 禳病除災，宜作天醫灶。

● 財發二房，應驗在〔**戊己、辰戌丑未**〕年月。

〔旁註：天醫巨門屬土，故應在土的年月〕

延年。……武曲金星。

- 來路房床灶得武曲延年，主婚姻家庭，以及旺人丁；又主高壽與中富。

〔旁註：祛病、增壽，宜作延年灶〕

- 發小房，應驗在〔**庚辛、巳酉丑**〕年月。

〔旁註：延年武曲屬金，故應在庚辛及三合金的年月〕

伏位。……輔弼木星。

- 來路房床灶得輔弼伏位，主小富中壽、生女少男。
- 伏位輔弼無尊主，宜安房床，但只生女。
- 求為如意，宜做伏位灶。
- 應驗年月〔**甲乙、亥卯未**〕。

〔旁註：伏位輔弼屬木，故應在甲乙及三合木的年月〕

絕命。……破軍金星。

- 來路房床灶犯絕命，主絕子傷嗣、無壽、疾病、退財。

〔旁註：疾病、死亡，因做絕命灶〕

- 敗長男，應驗年月在〔**庚辛、巳酉丑**〕。

〔旁註：絕命屬金，故應在庚辛及三合金的年月〕

五鬼。……廉貞火星。

- 犯五鬼，主奴僕逃走、失賊五次，又見火災、患病、官訟、口舌、退財、敗田畜、損人口。

〔旁註：官訟、口舌，因作五鬼灶〕
- 敗長房，應驗年月〔**甲乙、寅午戌**〕。
〔旁註：五鬼廉貞屬火，故應在丙丁及三合火的年月〕

禍害。……祿存土星。
- 來路房床灶犯禍害，主有官非、疾病、敗財、傷人口。
〔旁註：爭鬥仇讎，因作禍害灶〕
- 敗二房，應驗年月〔**戊己、辰戌丑未**〕。
〔旁註：禍害祿存屬土，故應在土的年月〕

六煞。……文曲水星。
- 來路房床灶犯六煞，主失財、口舌、敗田畜、傷人口。
〔旁註：耗散盜脫，因作六煞灶〕。
- 敗小房，應驗年月〔**壬癸、申子辰**〕。
〔旁註：六煞文曲屬水，故應在壬癸及三合水的年月〕

〔玉輦經〕

福德安門大吉昌，年年進寶得田庄；
主進甲音金銀器，又生貴子不尋常。……

- 此位安門，大吉之兆。主進牛馬六畜、蠶穀旺相。又進東方甲音人契書金銀銅鐵橫財。
- 應三年內進人口、生貴子、加官陞職、進產業、平安大吉。

〔旁註：福德方安門，加官陞職，旺丁旺財，平安吉祥〕

瘟瘟之位莫安門，三年五載染時瘟；
更有外人來自縊，女人生產命難存。……

- 此位安門，招時氣麻痘痢疾、大小口生暴病、落水蛇蟲水火雷傷之厄、女人產厄、非橫招刑、外人自縊、官事退財、破耗不利。

〔旁註：瘟瘟方安門，家中疾病叢生、家有人生癌，或出久病難癒之人，求職不順，退官退財〕

進財之位是財星，在此安門百事宜；
六畜田蠶人口旺，加官進爵有聲名。……

- 此位安門，進財祿、添人口。主四方田宅契書、加官進寶、牛馬田庄、鄉人寄物。吉兆。

〔旁註：進財安門，財貨廣進、加官進寶〕

長病之位疾病重，此位安門立見凶；
家長戶丁目疾患，少年暴卒獄牢中。……
● 此位安門，家長手足不仁、眼昏心痛、人口疾厄、少年兒孫暴卒、口舌官非、破財、家賊勾連外人侵擾、人口不安。
〔旁註：長病安門，首先是宅長重病，
　　　　繼則破財、病厄、口舌、是非不斷〕

訴訟之方大不祥，安門招禍惹非災；
田園財物陰人耗，時遭口舌惱人腸。……
● 此位安門，爭鬥產業、非災橫禍、破敗六畜、田蠶不利、小人邪害、耗散不安。
〔旁註：訴訟方安門，則財丁雙敗、橫禍邪害不斷、
　　　　官司訴訟、家中不得安寧〕

安門官爵最高強，仕人高擢入帝鄉；
庶人田地錢財旺，千般吉慶總相當。……
● 此位安門，加官進爵、增添人口、良善發達、庶人田蠶六畜加倍、人財大旺。
〔旁註：官爵安門，為官之人則加官進爵；
　　　　一般老百姓則財旺人旺〕

官貴位上好安門，定主名轟位爵尊；
田地貲財人口旺，金銀財物不須論。……
- 此位安門，生貴子、仕路高遷、進田宅、契書、六畜、橫財、幣帛、田蠶。發福。

〔旁註：官貴方安門，家業蒸蒸日上，亦主聲名遠揚〕

自吊位上不相當，安門立見有災殃；
刀兵瘟火遭橫事，離鄉自縊女人傷。……
- 此位安門，自縊、落水、損人、官事破耗、男離鄉、女產厄、六畜貲財不利。

〔旁註：自吊安門，橫禍災厄不斷，
　　　　家有投河自縊、退財、女人產難之事〕

旺庄安門最吉利，進財進寶及田庄；
北方水音人進契，大獲蠶絲利勝常。……
- 此位安門，福壽綿長、人口平安、男清女潔、仕人擢進、庶人發福、六畜大旺、出人忠孝。

〔旁註：旺庄安門，人事平安發福、財祿豐收、富貴綿綿〕

興福安門壽命長，年年四季少災殃；
仕人進職加官爵，庶人發福進田庄。……
- 此位安門，進田地、鄉人產業、招北方婦人、田地書契、六畜橫財、進人口、發本命人。

〔旁註：興福安門，添丁增財、人有壽。
　　　　官家升官、百姓則發財〕

法場位上大凶殃，若安此位受刑傷；
非災牢獄被枷鎖，流徙發配出他鄉。……
●此位安門，主遭不明人命官司、流徙他鄉、婦人勾連不利。
〔旁註：法場安門，則丁財兩敗、官司纏身永無休、
　　　　婦人不貞有外遇〕

顛狂之位不可誇，生離死別及顛邪；
田地退消人口敗，水火瘟輓絕滅家。……
●此位安門，主人瘋邪淫亂、女人產厄、男酒女色、少年暴卒、父南子北、人口不安。
〔旁註：癲狂安門，人會狂癲淫亂，生死別離，
　　　　孤寡、少亡、財物耗散〕

口舌安門大不祥，常招無辜被災殃；
夫婦相煎日逐有，無端兄弟鬥爭強。……
●此位安門，口舌不離、官事常有、忤逆不孝、媳婦詈罵、六畜無牧、凡事不利。
〔旁註：口舌安門，常有口舌是非，兄弟鬩牆，或有忤逆不
　　　　孝之子女〕

旺蠶位上好修方，此位安來家道昌；
六畜絲蠶皆大旺，坐收米穀滿倉箱。……
●此位安門，大旺田產、財帛勝常、招添子孫、勤儉好善。
　火命人起家，蠶絲倍旺。
〔旁註：旺蠶安門，添丁添財，財貨豐盈〕

進田位上福綿綿，常招財寶子孫賢；
更主外人來寄物，金銀財寶富田園。……
●此位安門，招田產、契書出入、親賢樂善、木命寄物發
　達、六畜加倍。
〔旁註：進田安門，六畜興旺，置田購產；
　　　　主家巨富綿綿又得丁〕

哭泣之位不可開，年年災禍到家來；
狂死少亡男與女，悲泣流淚日盈腮。……
●此位安門，常有哭聲、瘟疫疼痛、痘痢麻疹、男女少亡、
　陰人多病、破耗錢財、六畜不利。
〔旁註：哭泣安門，人口不安，
　　　　男女多病早亡、破財、六畜不興〕

孤寡之方災大凶，修之寡婦坐堂中；
六畜田蠶俱損敗，更兼人散走西東。……
●此位安門，寡婦無倚、走出他鄉、破家耗散、六畜不利。

〔旁註：孤寡方安門，死男人而出寡；
又兼破家散財、人口分散〕

榮福位上最堪修，安門端的旺人財；
發積家庭無災禍，富貴榮華事業收。……
- 此位安門，榮遷加升、田蠶旺相、財帛倍收、六畜勝常，火命旺發。

〔旁註：榮福安門，升遷加榮，發福，財帛豐厚〕

少亡之位不堪談，一年之內哭聲譁迹；
酒陰人自縊死，雷門傷子死天涯。……
- 此位安門，傷損小口、招妻枉死、投河自縊、陰人多病、酒色敗家。

〔旁註：少亡方安門，一年內死少年人、出酒鬼、
婦女自殺，人事不寧〕

娼淫之位不堪修，修之淫亂事無休迹；
女懷胎隨人走，一家大小不知羞。……
- 此位安門，男女酒色、娼淫無恥、敗壞家風、婦人姦亂、室女懷胎、六畜不收。

〔旁註：娼淫方安門，男貪女愛，荒淫無恥〕

親姻位上好修方，修之親戚眾賢良迹；
時往來多吉慶，金銀財寶滿倉箱。……
●此位安門，招財、進人口、六畜大旺。火命發達。
〔旁註：親姻方安門，易結好親家，添丁進財，六畜大旺〕

歡樂門修更進財，常有徵音人送來迹；
蠶六畜皆興旺，發福聲名響似雷。……
●此位安門，招南方絕戶銀錢幣帛，六畜興旺、陰人送帛，木命人發達。
〔旁註：歡樂安門，人丁興旺，多代同堂，
　　　　喜氣洋溢，進財發達〕

敗絕之方不可修，修之零落不堪愁迹；
丁損滅無蹤跡，父子東西各自投。……
●此位安門，破敗家財、遭瘟、暴卒、自縊落水、風火水厄不利。
〔旁註：敗絕安門，顧名思義，敗財與絕嗣；
　　　　主人口滅絕、分散東西〕

旺財門上要君知，富貴陞遷任發揮迹；
達人丁家業勝，一生豐厚壽眉齊。……
●此位安門，進商音人財物。且又永壽，火命人發達。
〔旁註：旺財安門，富貴榮華，利於兒孫升遷名揚〕

**福德安門大吉昌，年年進寶得田庄迹；
進甲音金銀器，又生貴子不尋常。……**
- 此位安門，大吉之兆。主進牛馬六畜、蠶穀旺相。又進東方甲音人契書金銀銅鐵橫財。
- 應三年內進人口、生貴子、加官陞職、進產業、平安大吉。

〔旁註：福德方安門，加官陞職，旺丁旺財，平安吉祥〕

**瘟瘴之位莫安門，三年五載染時瘟迹；
有外人來自縊，女人生產命難存。……**
- 此位安門，招時氣痲痘痢疾、大小口生暴病、落水蛇蟲水火雷傷之厄、女人產厄、非橫招刑、外人自縊、官事退財、破耗不利。

〔旁註：瘟瘴方安門，家中疾病叢生、家有人生癌，或出久病難癒之人，求職不順，退官退財〕

**進財之位是財星，在此安門百事宜迹；
畜田蠶人口旺，加官進爵有聲名。……**
- 此位安門，進財祿、添人口。主四方田宅契書、加官進寶、牛馬田庄、鄉人寄物。吉兆。

〔旁註：進財安門，財貨廣進、加官進寶〕

長病之位疾病重，此位安門立見凶迹；
長戶丁目疾患，少年暴卒獄牢中。……
●此位安門，家長手足不仁、眼昏心痛、人口疾厄、少年兒孫暴卒、口舌官非、破財、家賊勾連外人侵擾、人口不安。
〔旁註：長病安門，首先是宅長重病，
　　　　繼則破財、病厄、口舌、是非不斷〕

訴訟之方大不祥，安門招禍惹非災迹；
園財物陰人耗，時遭口舌惱人腸。……
●此位安門，爭鬥產業、非災橫禍、破敗六畜、田蠶不利、小人邪害、耗散不安。
〔旁註：訴訟方安門，則財丁雙敗、橫禍邪害不斷、
　　　　官司訴訟、家中不得安寧〕

安門官爵最高強，仕人高擢入帝鄉迹；
人田地錢財旺，千般吉慶總相當。……
●此位安門，加官進爵、增添人口、良善發達、庶人田蠶六畜加倍、人財大旺。
〔旁註：官爵安門，為官之人則加官進爵；
　　　　一般老百姓則財旺人旺〕

官貴位上好安門，定主名轟位爵尊迹；
地貲財人口旺，金銀財物不須論。……

●此位安門,生貴子、仕路高遷、進田宅、契書、六畜、橫財、幣帛、田蠶。發福。

〔旁註:官貴方安門,家業蒸蒸日上,亦主聲名遠揚〕

自吊位上不相當,安門立見有災殃迹;
兵瘟火遭橫事,離鄉自縊女人傷。……

●此位安門,自縊、落水、損人、官事破耗、男離鄉、女產厄、六畜貲財不利。

〔旁註:自吊安門,橫禍災厄不斷,
　　　　家有投河自縊、退財、女人產難之事〕

旺庄安門最吉利,進財進寶及田庄迹;
方水音人進契,大獲蠶絲利勝常。……

●此位安門,福壽綿長、人口平安、男清女潔、仕人擢進、庶人發福、六畜大旺、出人忠孝。

〔旁註:旺庄安門,人事平安發福、財祿豐收、富貴綿綿〕

興福安門壽命長,年年四季少災殃迹;
人進職加官爵,庶人發福進田庄。……

●此位安門,進田地、鄉人產業、招北方婦人、田地書契、六畜橫財、進人口、發本命人。

〔旁註:興福安門,添丁增財、人有壽。
　　　　官家升官、百姓則發財〕

法場位上大凶殃，若安此位受刑傷迹；
災牢獄被枷鎖，流徙發配出他鄉。……
●此位安門，主遭不明人命官司、流徙他鄉、婦人勾連不
 利。
〔旁註：法場安門，則丁財兩敗、官司纏身永無休、
　　　　婦人不貞有外遇〕

顛狂之位不可誇，生離死別及顛邪迹；
地退消人口敗，水火瘟輄絕滅家。……
●此位安門，主人瘋邪淫亂、女人產厄、男酒女色、少年暴
 卒、父南子北、人口不安。
〔旁註：癲狂安門，人會狂癲淫亂，生死別離，
　　　　孤寡、少亡、財物耗散〕

口舌安門大不祥，常招無辜被災殃迹；
婦相煎日逐有，無端兄弟鬥爭強。……
●此位安門，口舌不離、官事常有、忤逆不孝、媳婦罵罵、
 六畜無牧、凡事不利。
〔旁註：口舌安門，常有口舌是非，
　　　　兄弟鬩牆，或有忤逆不孝之子女〕

旺蠶位上好修方，此位安來家道昌迹；
畜絲蠶皆大旺，坐收米穀滿倉箱。……

●此位安門,大旺田產、財帛勝常、招添子孫、勤儉好善。
火命人起家,蠶絲倍旺。
〔旁註:旺蠶安門,添丁添財,財貨豐盈〕

進田位上福綿綿,常招財寶子孫賢迹;
主外人來寄物,金銀財寶富田園。……
●此位安門,招田產、契書出入、親賢樂善、木命寄物發
達、六畜加倍。
〔旁註:進田安門,六畜興旺,置田購產;
　　　　主家巨富綿綿又得丁〕

哭泣之位不可開,年年災禍到家來;
狂死少亡男與女,悲泣流淚日盈腮。……
●此位安門,常有哭聲、瘟疫疼痛、痘痢麻疹、男女少亡、
陰人多病、破耗錢財、六畜不利。
〔旁註:哭泣安門,人口不安,
　　　　男女多病早亡、破財、六畜不興〕

孤寡之方災大凶,修之寡婦坐堂中迹;
畜田蠶俱損敗,更兼人散走西東。……
●此位安門,寡婦無倚、走出他鄉、破家耗散、六畜不利。
〔旁註:孤寡方安門,死男人而出寡;
　　　　又兼破家散財、人口分散〕

榮福位上最堪修，安門端的旺人財迹；
積家庭無災禍，富貴榮華事業收。……
- 此位安門，榮遷加升、田蠶旺相、財帛倍收、六畜勝常、火命旺發。

〔旁註：榮福安門，升遷加榮，發福，財帛豐厚〕

少亡之位不堪談，一年之內哭聲譁迹；
酒陰人自縊死，雷門傷子死天涯。……
- 此位安門，傷損小口、招妻枉死、投河自縊、陰人多病、酒色敗家。

〔旁註：少亡方安門，一年內死少年人、出酒鬼、婦女自殺，人事不寧〕

娼淫之位不堪修，修之淫亂事無休迹；
女懷胎隨人走，一家大小不知羞。……
- 此位安門，男女酒色、娼淫無恥、敗壞家風、婦人姦亂、室女懷胎、六畜不收。

〔旁註：娼淫方安門，男貪女愛，荒淫無恥〕

親姻位上好修方，修之親戚眾賢良迹；
時往來多吉慶，金銀財寶滿倉箱。……
- 此位安門，招財、進人口、六畜大旺。火命發達。

〔旁註：親姻方安門，易結好親家，添丁進財，六畜大旺〕

歡樂門修更進財，常有徵音人送來迹；
蠶六畜皆興旺，發福聲名響似雷。⋯⋯

●此位安門，招南方絕戶銀錢幣帛，六畜興旺、陰人送帛，木命人發達。

〔旁註：歡樂安門，人丁興旺，多代同堂，
　　　　喜氣洋溢，進財發達〕

敗絕之方不可修，修之零落不堪愁迹；
丁損滅無蹤跡，父子東西各自投。⋯⋯

●此位安門，破敗家財、遭瘟、暴卒、自縊落水、風火水厄不利。

〔旁註：敗絕安門，顧名思義，敗財與絕嗣；
　　　　主人口滅絕、分散東西〕

旺財門上要君知，富貴陞遷任發揮迹；
達人丁家業勝，一生豐厚壽眉齊。⋯⋯

●此位安門，進商音人財物。且又永壽，火命人發達。

〔旁註：旺財安門，富貴榮華，利於兒孫升遷名揚〕

劉賁按：

◎**安神位及灶位，最忌〔自吊、口舌、孤寡、少亡、敗絕、瘟黃、長病〕，宜於迴避。**

〔紫白飛星之納氣〕

● 現代陽宅論〔**紫白飛星**〕的外局,凡高起之物即論山,例如:〔**高樓、鐵塔、煙囪、橋樑、寺廟、電桿、鴿舍、天橋……**〕;然若論水則宜見水光,都市馬路只論沖射。

● 現代陽宅論〔**紫白飛星**〕的內局,凡是〔**門路、房床、書桌、灶向、神位、神向**〕,應安置於〔**生氣旺氣**〕方。

〔旁註:神位與房床,主論坐位,應安生氣位、旺氣位。若論向,則以生氣位為佳〕

〔旁註:生氣位及旺氣位,宜動不宜靜。明白的說,凡是有生命的,例如人或動物、魚缸、樹木等,宜置生旺位,電器用品之電視與音響之類、帶有聲光氣流震動者,也應置於生旺位〕

● 現代陽宅內局〔**洩氣位、殺氣位**〕,宜做〔**廁所、重物、櫥櫃**〕;忌安瓦斯爐,若是昔時大灶則無妨。

〔旁註:大灶重物有火,可制煞,可置於煞氣位。然現代瓦斯爐電鍋之類,還是避免〕

〔旁註:房門不可對灶,灶神窺密必有災〕

● 〔**四綠**〕為〔**先天文昌**〕位,不可安置廁所,否則就是污穢文昌,小孩讀沒有書;家中若做生意,易記錯帳。

關煞方。……五黃沖關,主孤獨敗退。

● 所有的宅向,即宅的正前方,都是飛到五黃土,因為與本局對沖，所以稱之為關煞方。
- 宅前關煞方，即是明堂。通常明堂必以開闊為要，開闊則益於煞氣之發散；門前若有〔**高牆、大樓、路沖、電桿、樹木、煙囪、尖角屋**〕阻煞氣或迴煞氣為大忌。

〔旁註：長形屬木，木來剋五黃之土，易惹官非〕
- 論內局，關煞方宜於開門路，讓煞氣外洩。
- 總和來論，關煞方主要的是應驗在〔**孤獨敗退**〕。常見發生火災、官訟是非，或退家運敗錢財。
- 論內局，〔**灶、門、床**〕，最忌安於關煞方。

〔旁註：五黃煞不可安床，忌動作頻繁；即陽宅安床時，不宜推向宅向前方靠窗的位置。

五黃煞不可安廁與灶，以免引動煞氣。這就是廚房或廁所不可以安在宅正前方的原因〕

殺氣方。……鰥寡與損丁。

- 此方宜平伏，不宜高起；宜安靜，不宜沖射或鼓動。殺氣方如有山崗或山高聳，謂之〔**煞星昂靈**〕，大凶。凡高起之物即論山，例如：〔**高樓、鐵塔、煙囪、橋樑、寺廟、電桿、鴿舍、天橋……**〕均屬之。
- 此方忌水路織交沖射。如有水，則宜橫繞環抱而過，不宜在此方直來直去。殺氣方無情水路為煞水，大凶。

〔旁註：直來直去則是水不屈曲，其流速必快；
　　　　直來則成沖射水箭，直洩而去即是無情〕

- 此方固不宜高,亦不宜空缺;若見空缺,必是該方有路或有水沖射,亦主傷丁破財。
- 總和來論,殺氣方主要的是應驗在〔**鰥寡與損丁**〕。

〔旁註:殺氣方,不利人口、家庭婚姻多阻隔〕

- 殺方宜靜不宜動。有水動或電視聲光,則易引動凶煞。

〔旁註:殺氣位不可置沖床、剪床等機器,易引動凶殺〕

〔旁註:門路不可在殺氣位,因人常走動易引動殺氣〕

〔旁註:殺氣位不可置助燃物,宜養1或6條黑魚制化〕

- 現代陽宅內局〔**殺氣位**〕,宜做〔**廁所、重物、櫥櫃**〕;忌安瓦斯爐,若是昔時大灶則無妨。
- 〔**灶、門**〕,最忌安於殺氣方。睡床通常亦忌安殺氣方,但若命宮能洩殺氣轉化者,睡殺氣方又無妨。

〔旁註:例如坎宅以2黑及8白飛到之方為殺氣,命宮乾六或兌七之人睡其方,則土生金而金生水,煞氣轉生宅卦,就沒有關係了〕

死氣方。……主傷丁、不利人口,且主有疾。

- 死氣方有山崗或水路沖射,主不旺丁;家門寂寂,主孤苦伶仃,易絕而無後代。
- 依〔**我剋為財**〕之論,此方山拱水繞,亦可做財神論,雖不能發貴亦發財。但仍須有運來相扶才好;否則不但不賺錢,反而元神被盜,身體搞壞。

〔旁註:**死氣方**若得**五子河圖運**相扶,則宅卦強,就是**財氣**

位，主能任財，可睡財氣位，安神位亦可。然若無運生扶，則宅卦弱而為死氣位；若是安床則不但不賺錢，反而元神被盜，身體搞壞〕

〔旁註：死氣若遇**紫白四吉星**，再遇元運或五子運相扶，可論**紫白魁星**，利於考試，其方可安置書桌類。魁星方安床，亦有加添人丁之效用。然而，只有坐**坤、巽、震、離、坎**的陽宅才有魁星位〕

●此方固不宜高，亦不宜空缺；見若空缺則有路沖射，亦主傷丁破財。

旺氣方。……主財利亨通、諸事通泰。
●旺氣方即是〔**真元氣聚**〕，主富貴且出名臣孝子。
●宜高峰拱揖、秀水榮朝，主大吉利；山醜水直亦不美。
●若此方高山延伸到關煞方，則反而變凶，不以吉論。
●總和來論，旺氣方主要的是應驗在〔**發財祿**〕。
●內局〔**旺氣位**〕宜〔**門路、房床、書桌、灶向、神位**〕。

生氣方。……主人平安而發丁。
●生氣有如助我之貴人，此方宜動不宜靜，故宜做門路。其方或有山崗秀峰、水路，或有鐘鼓聲相應，則利於科舉考試而發貴，又旺財、旺丁。
●總和來論，生氣方主要的是應驗在〔**發丁**〕。
〔**獨白：論床位，固宜安置於生氣；**

若要求子，又宜坐煞迎生〕
- 內局〔**生氣位**〕宜〔**門路、房床、書桌、灶向、神位**〕。

洩氣方。……主是非爭論。

- 此方見山水俱是不利，但宜低伏，大忌此方有水及山龍的來去，洩我局內之氣。主營謀失利、家道蕭條；更可能兼有官訟是非。
- 固不宜高亦不宜空缺；空缺有路沖射，主傷丁破財。
- 現代陽宅內局〔**洩氣位**〕，宜做〔**廁所、重物、櫥櫃**〕；忌安瓦斯爐，若是昔時大灶則無妨。
- 洩氣位如是〔**紫白四吉星**〕，則稱〔**財局善曜**〕，也能論財局；唯與我剋之財氣相比，其格局力量又小了很多。

〔旁註：財局善曜務須元運或五子運相扶，始可使用〕

〔旁註：八個宅局只有坎宅無財局善曜；假設個人或公司遭逢財務上的急難，就要檢討是否坐北朝南，或者董座總座或財務長的辦公室開了南門，且辦公桌坐北朝南〕

生氣與關煞混雜。……好壞混雜、吉凶參半

- 若在生氣方和關煞方有水路山崗串連，則是好壞混雜。生氣方山崗水路本論吉，旺丁而發貴；然關煞方的山崗水路卻論凶而傷丁敗財、孤獨敗退。
- 善惡混雜則好壞吉凶參半，此種宅墳，出人面善心惡、好

訟喜爭；為事則多成多敗。例如：生氣旺丁而關煞傷丁，論〔**兒女雖多、刑傷難免**〕。生氣發貴而關煞孤獨敗退，論〔**官爵雖顯、不得善終**〕。

●善惡相伴，依其山崗水路的來去結局，又有不同之處；山崗水路若從關煞方發來，卻到生氣方結局；來處雖不好，結果卻佳。此地宅墳，乃絕處逢生、逢難有救；主居家安好、出外易招是非。此局是凶中求吉、短中求長，但是畢竟無法長遠。

●山崗水路從生氣方發來，卻到關煞方結局：來處雖好，結果卻是不佳。此地宅墳，往往好事多磨，行事起頭像回事，後來卻是弄巧成拙，往往無端惹來災禍而敗家。

〔輔星水法論納氣〕

◎通常羅盤上的〔地盤正針二十四山〕,有紅黑兩色標註;紅色的〔壬、子、癸、寅、甲、乙、辰、午、坤、申、戌、乾〕等12山為〔陽山〕;另外一半12山,用黑字標註的〔丑、艮、卯、巽、巳、丙、丁、未、庚、酉、辛、亥〕就是〔陰山〕;即通稱的〔廿四山淨陰淨陽〕。

〔旁註:此處《二十四山淨陰淨陽》圖示以字體分辨,顏體字型為紅字淨陽、圓體字型為黑字淨陰〕

●〔來龍、立向、水口〕之對應相配,俱須依〔陽配陽、陰配陰〕的原則;亦即必須〔陰龍、陰向、陰水〕,或〔陽龍、陽向、陽水〕,方是合法為吉。

〔旁註：陽龍立陽向、陰龍立陰向，陽水立陽向、陰水立陰向，俱是**陰陽合局**為吉。若是陰龍立陽向、陽龍立陰向；或者陽向收陰水、陰向收陽水，皆犯**陰陽駁雜**為凶〕

輔星水法之論陽宅納氣。……

- 〔**輔星水法**〕即是〔**淨陰淨陽廿四山**〕之應用。〔**輔星水法**〕以〔**水龍翻卦法**〕定出〔**八卦納甲九星**〕，用來判定廿四山之吉凶。〔**貪狼、巨門、武曲、輔弼**〕，必是〔**陰陽合局**〕，論為〔**四吉星**〕；而〔**祿存、文曲、破軍、廉貞**〕必是〔**陰陽駁雜**〕，論為〔**四凶星**〕。
- 陽宅若有庭院，則可論外局並開出街大門。其法以羅經置於主屋簷滴水處之中心位置，將大門設於〔**四吉星**〕。

〔旁註：若是門前水路或是車流快速之公路，則仍須參考形家，大門偏向來水端以迎收水神。大門若偏向去水，則從門前看出去，可見水路直流而去，就是順水流。水直去，財既流去則不聚，人情日益淡薄，家中瑣事多、小孩多離鄉在外發展〕

- 外局之來去水，必要水口至於〔**貪巨輔武**〕四吉之位。

〔旁註：輔星水僅論可見水口，來去水口宜陰陽合局。
　　　　凡是陰陽合局，收水必屬貪巨武輔四吉；
　　　　若陰陽駁雜，收水必是破祿文廉四凶〕

- 內局純論〔**地命**〕，〔**神位、灶位、房床**〕俱宜安於全宅或各房太中心太極的〔**貪巨輔武**〕四吉位。論〔**納氣**〕，又宜以〔**神位、灶位、房床**〕各自立極，察看各門窗之方位。門窗安〔**貪狼、巨門、武曲、輔弼**〕則吉，若安〔**祿存、文曲、破軍、廉貞**〕則凶。
- 凡陽宅外局〔**收水**〕，或內局論〔**地命**〕，或是以門窗論〔**納氣**〕，吉凶斷驗俱察方位星辰吉凶屬性。

輔弼星。……主官貴、得祿位。

- 輔弼主發祿貴，內則長輩慈祥、子女孝順；出外則與人為善、得人尊敬。然貴多富小。男生較會任公職，且輔弼多不掌權，職務多為助理。
- 論丁口，則女多男少。

〔旁註：陽宅外局輔弼位，宜池塘聚水或來水逆朝；去水破局，則寡婦女人當家、財業不守、遷居漂流〕

貪狼星。……旺財丁、人優秀。

- 貪狼主元神強，健康吉壽。陽宅得貪狼水，容易出丁；所生的男孩，聰明優秀，兄友弟恭。

〔旁註：貪狼主生發之氣，故多發人丁，且兄弟姊妹間有助力，所出人品俊秀〕

- 貪狼能催官發富貴，亦即財帛豐盛，名利裕如。

〔旁註：多丁之意涵在合作團隊，人品資質睿智，容易事業有成，自然為人稱道、出門為貴〕

巨門星。……主發財富，長壽、出神童、有貴氣。

● 陽宅得巨門水，會先發財，豐衣足食，生活富裕。

〔旁註：巨門水之財富源遠流長，五行屬土，故主田財。若論貴氣，乃是由富而貴〕

● 人丁論旺，出人比較忠厚老實、聰明，出神童。多出文官公職之貴，亦出良工巧匠、高僧高道。

〔旁註：五行屬土，土主忠信、不取巧，學習按部就班、學能有成。以致被認為聰明神童〕

● 巨門是袪病延年之星，身體方面均能健康而得長壽。

〔旁註：五行屬土，亦主身體厚實，故壽〕

武曲星。……科甲、富貴雙全、袪病益壽。

● 陽宅得武曲水，主旺丁而出豪傑。在內則父慈子孝、早得婚姻、夫婦和睦。出人既是智慧，也得健康長壽。

● 武曲主貴，容易經由考試功名入公職。且任職必定清廉，受人敬重。

〔旁註：武曲金星，主貴、貴由科甲、利考試。即使不入公職，在其他領域有能嶄露頭角，主由貴而富〕

〔旁註：武曲圓潤金星，且氣息源長。武曲金星生水，故而聰明智慧且長壽。金主義，故出人豪爽〕

破軍星。……凶暴、殘廢、少丁絕嗣。

- 破軍乃是最凶之星辰，應於陽宅，主出暴徒。在家忤逆不孝，出外與人衝突、爭執、劫奪、訴訟。

〔旁註：出人心性殘暴、傷人傷己。破軍依辭解義，就是戰敗逃亡的流兵，心性兇殘，只能靠搶奪求生；明白的說，破軍就是刑傷與劫掠的賊星〕

- 陽宅得破軍水，主出殘廢之人；人丁薄弱，甚至絕嗣。

〔旁註：破軍星乃是紊亂刑傷、無源頭又無去路的星辰；陽宅得破軍水，人丁不出；又容易出聾啞殘缺之子孫；即使不是先天傷殘，也多因出外與人衝突或犯竊盜殺人，自身亦是被殺而絕或殘廢。

廉貞星。……忤逆詐欺、血光血疾、回祿。

- 廉貞星，主象暴虐、邪惡歪曲；依辭解義，寡廉少貞、心性猖狂暴虐，總之即是刑傷與劫掠的煞星。
- 廉貞為陰火，火性暴虐，一發則周遭物事俱遭荼毒。陽宅犯廉貞，出狂妄之人；悖逆犯上、詐欺官訟。
- 陽宅得廉貞水，主車關血光、心臟血液系統病變。

〔旁註：廉貞星屬火，主血光及心臟亦系統疾病。
　　　　過去多肺癆吐血，今則多車禍血光〕

- 如若廉貞水又落在子午卯酉四山，則又出人好賭淫亂。

〔旁註：子午卯酉為桃花水，廉貞主少貞之心火〕

祿存水。……頑愚狂妄、鰥寡、殘廢、過房絕嗣。

- 祿存星性，主象孤剋，伶仃多帶破。陽宅得祿存水，則主殘廢、男鰥女寡、過房絕嗣。

〔旁註：多應自縊及婦女產死等凶災〕

- 陽宅得祿存水，又主出愚頑之人，心性既是孤僻，行事又狂妄、不務正業，亦犯淫亂。

文曲水。……好色淫亂、浪蕩、水火之災。

- 陽宅得文曲水，主出機巧浪蕩之人。內則心性虛詐、好賭、貪酒多淫，外則敗財離鄉。

〔旁註：文曲屬水木，水主智、亦主淫而飄蕩〕

- 出人多患癆病癲狂，眼疾跛足。

〔旁註：文曲陰水而剋火，多水火災病。火逢剋則眼疾瘡疥、心神失常。水性飄蕩、不能自立，而有跛足之象；文曲桃花水，過淫而萎靡〕

吉凶混流同收之斷驗。……

- 廉貞與巨門同來，巨多廉少，雖發富，但有災病血疾。
- 廉貞與武曲同來，武多廉少，雖發官貴但有災病血疾。若是廉大武小，則應損人丁，但發小貴。

筆 記 欄：

九紫運納氣吉凶剋應

◎堪輿之論時運者，俱是聚焦〔**洛書紫白九星**〕；雖星辰氣息旺衰之應用定義不同，然〔**原始屬性**〕始終如一；〔**星辰相併**〕或〔**多方納氣**〕之論〔**複合星性**〕，亦須以九星原始屬性延伸、綜合加權，方能論斷準驗。

〔旁註：2024～2043屬九紫運，**玄空挨星**論9紫為旺氣、1白2黑屬生氣，7赤8白是衰氣、3碧4綠5黃6白論死氣。**三元納氣**系統則直論1234為零神失運而衰、6789屬正神得運而旺〕

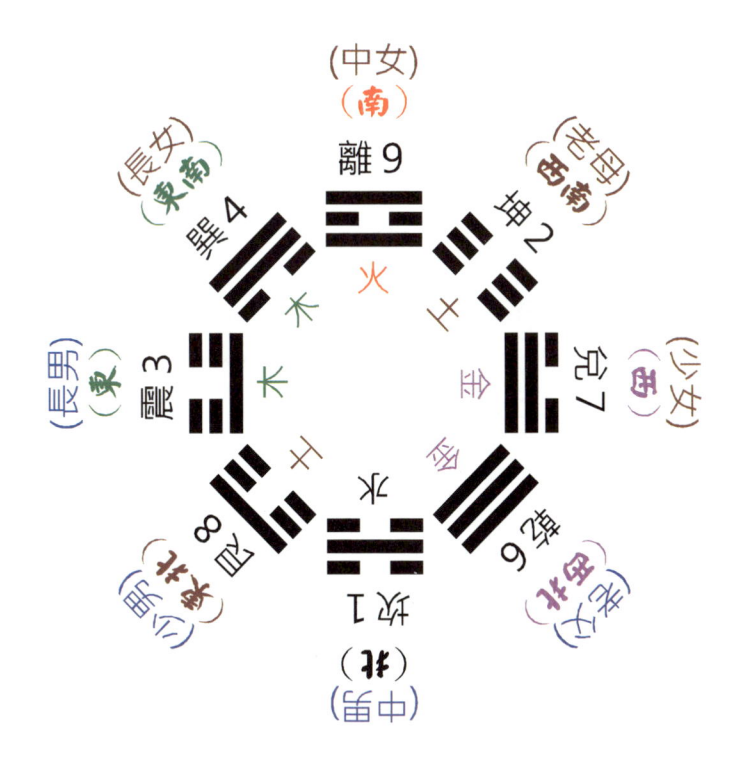

（中女）
（南）
離9
火

（長女）
（東南）
巽4
木

（老母）
（西南）
坤2
土

（長男）
（東）
震3
木

（少女）
（西）
兌7
金

（少男）
（東北）
艮8
土

（中男）
（北）
坎1
水

（老父）
（西北）
乾6
金

◎如前章所述，〔**天氣天運**〕之論，〔**玄空挨星**〕既難運用於現代陽宅，那就專注〔**零正**〕論〔**三元納氣**〕吧！

〔**九紫運基本星性剋應**〕

1 白失運。……下元失運坎水凶應。
◎1白坎卦本義：方位屬北，五行屬水、屬難卦。坎中男、為耳、為血、為腎性慾、為盜賊。

●一白凶應，主〔**災難禍害**〕；包括：〔**遭遇盜賊、水災水厄、橫禍、車禍、女人多產厄……**〕。
〔旁註：八卦本義，坎為盜。故凶應主遭遇盜竊〕
〔旁註：坎水是難卦，主水的災難，溺水甚至淹死。水性飄蕩流動，交通屬水，多車關血光。
水在人身主生殖泌尿系統，女人難產、墮胎流產，俱屬生殖系統的苦難〕
●1白凶應，〔**男子夭折、無子或損子，婦女墮胎流產**〕。
〔旁註：一白，坎中男、子息星，坎水主生殖泌尿系統〕
●1白凶應主〔**敗財祿**〕。
〔旁註：一白坎水，水為財祿，水又主智，失運則失智，投資容易錯誤〕
●1白凶應，罹〔**生殖泌尿系統、血液循環**〕的疾病，又主罹患〔**耳病耳聾、眼疾瞎眼、心理疾病或痴呆**〕。

〔旁註：耳屬水、生殖泌尿系統屬水，血液循環乃流動之性質也屬水，1白凶應凶應則多罹此類疾病〕

〔旁註：耳朵疾病，包括重聽、耳鳴，嚴重時甚至耳聾失聰、出聾子……〕

〔旁註：血液循環不良的疾病，包括低血壓、血栓腦梗、失血、尿血……等〕

〔旁註：水能剋火，眼疾瞎眼之應，實際上是精氣衰竭，則腎水不能上達，水火不能既濟，循環不良，氣水不能養眼〕

〔旁註：一白屬水、主智，凶應則昏庸失志、心理疾病或痴呆；嚴重時，會導致吸毒、自縊、自殺。1白水凶應為毒水，應飲藥自盡〕

● 1白凶應，〔**男人刑妻、女人守寡**〕。

〔旁註：1白坎水主中男，凶應則男子如水之泛流而飄盪無依；既無妻子依附，則是剋妻顯象〕

〔旁註：一白凶應，多主損丁，丁損則則出寡婦。男人夭亡通常與坎水有關，不是溺水就是情色〕

● 1白凶應，主〔**飄蕩、淫佚，且出奸邪盜賊**〕。

〔旁註：水性飄盪、不具定性，所以飄蕩。論身則多見出外遊蕩，或流離失所、流浪外鄉；論心則為人態度無常，難以成事、不成材。既失去人生目標，則注重聲色犬馬；常是酒色破家，甚至因酒色淫逸而死〕

〔旁註：坎卦屬水，主腎、為生殖系統，主情慾；若凶應則

不正規而為邪淫、為桃花。坎卦屬水，坎水主酒，故出酒徒〕

〔旁註：水屬智，凶應則是不正的聰明，故為奸邪；水盪主失去人生方向，盜賊即是奸邪而流蕩〕

● 1 白凶應，主〔**水災水厄、橫禍車禍禍**〕。

〔旁註：水的災難，溺水甚至淹死。交通屬水性流動〕

2 黑失運。……下元失運坤土凶應。

◎ 2 黑坎卦本義：方位屬西南，五行屬土、五色屬黑。坤老母、為肚腹與皮膚、為田產、為眾多、為家眾。

〔旁註：坤土為大地、田地，**田產**植物繁多，故論**眾多**。種植必須依據季節、不能揠苗助長，故論**緩慢**〕

〔旁註：坤為寡母婦女、為家眾。凶應多落在老母婦女〕

● 2 黑凶應〔**病符**〕。疾病叢生，〔**腹疾、惡瘡皮膚病**〕，或者〔**吐血**〕。亦主〔**纏綿慢性病**〕、〔**憂鬱症**〕。

〔旁註：坤土滋生萬物，凶應則醞育病毒，故為**病符**〕

〔旁註：坤**肚腹**、土行主脾胃消化系統，故有腸胃疾病〕

〔旁註：皮膚猶如大地，毛髮猶如草木；故為**皮膚疾患**〕

〔旁註：土剋水而水主血，故而主剋血之病〕

〔旁註：坤屬土而性慢鈍，病則日久不癒，是**慢性病**〕

〔旁註：七色之中，每一色混雜皆有變化，而黑色再不能變化，故為死色，應病必重。雖說色黑，然其色實是深藍偏暗黑，令人傷感淒涼、情緒低落，故而多見

精神疾患之**憂鬱症**〕

● 2黑凶應,〔**損丁、喪子**〕、〔**寡婦當家、婦奪夫權**〕。
〔旁註:坤土肚腹,本有養育的功能,失運則是孤陰、生意斷絕;主婦女不能生育,或有而墮胎流產。且二黑能剋坎水,坎水主生殖力,又是子星,逢剋則男人無氣,多不長壽,或無子甚至夭折〕
〔旁註:坤為老母、為家業,亦為權柄。坤土剋坎水,陰剋陽,小男人懦弱無力。二黑坤土失運,則女人專斷跋扈、家業不興〕

● 2黑凶應,〔**憂愁抑鬱**〕、〔**退財、破產**〕。
〔旁註:坤為晦氣、病符,又是老陰、陰極之神,氣息抑鬱不開展。坤為田產家業,凶應破家敗產〕

● 2黑凶應,〔**家多陰邪**〕,或〔**多遇小人偷盜**〕。
〔旁註:二黑乃陰之極,且多見陰邪與小人;二黑方位若又是陰暗處所,則見女鬼,或成偷盜出入點〕
〔旁註:坤為婦人、為晦氣,失運則常見為女人事招非或興訟,此亦是退財破產之因素〕

3碧失運。……下元失運震木凶應。

◎3碧震卦本義:**方位屬東方,五行屬木、五色屬青。震長男,為手足、毛髮、為肝。主名聲、快速爆發。**
〔旁註:震為為雷、震為動;震卦 之陽爻在下動,所以是腿足。震屬木,在人身就是毛髮、肝膽〕

〔旁註：震為長男，剋應多在長房或成年男子身上〕

〔旁註：震為雷動，名聲在外流竄。雷電之性質，快速且具暴烈性，故而剋應非常快速而突然〕

● 3 碧凶應，〔**損男子**〕或〔**絕嗣**〕。

〔旁註：震木本是棟樑之木，失運則斷折或腐朽，震又是長男，所以損長男；長男亡則次子升任，又損，又升又損，終至絕嗣〕

● 3 碧凶應，〔**出人暴虐**〕、好勇鬥狠，不但〔**敗財**〕，而且〔**刑妻剋子**〕；是非聲名在外，男盜女娼、官訟是非。

〔旁註：震本主仁，為雷動、為爆發。若失運則出人個性暴躁衝動、情緒失控而好鬥，對妻子殘暴不仁〕

〔旁註：3 碧失運既出暴虐，又是賊星，故多是非官訟。震卦本主名聲，失運自然是敗壞名聲〕

● 3 碧凶應突發災難，包括：〔**跌倒、雷擊、爆炸、地震、土石流、建築物垮、木石落下、棍擊……**〕，多應〔**斷手折足**〕，嚴重時就是此類災禍導致之〔**凶死或凶殺**〕。震主動氣，收震氣，一般車禍比較多。

〔旁註：震主突發之打擊，也是腿足的問題〕

● 3 碧凶應疾病，包括：〔**腿足疾病**〕、〔**肝膽疾病**〕、〔**咳喘**〕、〔**膿血**〕、〔**瘋癲**〕、〔**中風殘疾**〕……。

〔旁註：震木主腿足、肝膽、髮膚。木能生風、主呼吸，失運則呼吸不順。肝主造血藏血功能，若失運則寡髮而膿血；肝血不足則無法滋養於筋，就容易引起中

風抽筋；而且震為足，故多致半身不遂、不能行走。中醫認為肝控制中樞神經系統，失運而傷則引起癲狂，偏向躁鬱〕

4綠失運。……下元巽木失運凶應。

◎4綠巽卦本義：**方位屬東南方，五行屬木、五色屬綠。巽長女長婦，為肝膽、為乳、為股。四綠主文風。風主名聲、快速。**

〔旁註：巽為風，風的流速快，所以吉凶剋應非常快速。失運剋應多在長房、長女、長媳〕

〔旁註：四綠屬木，木為文明；巽為風，主風聲，名聲；故四綠主文風。四綠失運若其方形局有文筆，主家中讀書風氣不墮、仍是書香門第，然4綠失運衰死則文人浪蕩〕

●四綠失令則家產敗退、人丁滅絕。

〔旁註：巽木為莊稼，失令則莊稼不長，為敗財破家的意象，亦主人丁衰退、飄盪無根〕

●四綠失令則出反覆無常、懦弱、優柔寡斷之人物；或出孤伶漂泊之人，例如流浪異鄉或出乞丐。

〔旁註：巽為風，風乃無形而飄，其方向不定，出人個性與境遇亦如是〕

●四綠失令主名聲狼籍，出桃花、狗仔、詐欺犯。

〔旁註：巽失令則文書風聲狼籍，陰卦則淫蕩〕

● 4綠失運則身體罹屬木之疾，部位在〔**肝膽、乳房、脊椎坐骨**〕，症狀則〔**氣喘瘋哮、中風癱瘓**〕。
〔旁註：巽主風，故為呼吸系統疾病或氣血循環。巽為陰木，頸椎脊椎有竹節之形〕
〔獨白：**失運巽木方忌見繩索或蔓藤，易生纏繞煩惱。通常是桃花勾纏，重則勒頸**〕

6白得運。……下元乾金得運吉應。

◎六白乾卦本義：方位屬西北方、五行屬金、五色屬白。乾老父、宅長，為頭、為骨、為肺、為大腸。六白主官貴、掌權之貴。

● 六白得運，主添丁發財，且出人多正直。
〔旁註：六白乾金屬財庫，故而進財，可發巨富。金能生水，水主腎，故乾金為丁之發源〕
〔旁註：六白乾金、性剛直，出人則多正人君子〕
● 六白得運，主陞官晉職，且多武貴掌權，多應在長房。
〔旁註：六白為官星、為武曲，主武將勳貴或司法高官〕

7赤得運。……下元兌金得運吉應。

◎七赤兌卦本義：方位屬正西方、五行屬金、五色屬白。兌少女，為肺、為口喉、為大腸。七赤為刀劍，主武途、軍旅。

●七赤得運,主發財,並添丁口,惟以女口為多。
〔旁註:七赤兌金,為財帛,故而進財,可發橫財巨富,多應小房。水主腎及生殖,金能生水,性生活美滿,故而多生;唯兌主少女,故多生女〕
●七赤得運,主發武貴。
〔旁註:七赤為肅殺、為刀兵又主刑名;得運則出人機謀決斷,可以武途發跡、掌兵權,或掌司法權位〕

8白得運。……下元艮土得運吉應。

◎八白艮卦,方位屬東北方,五行土、五色白。艮少男。論人身,為頭、鼻、手指、背脊、脾胃、筋絡神經。
◎八白為財庫、為慈星、為壽考。八白為文才、為魁星。

●八白得運,主添丁發財富、功名富貴。
〔旁註:八白屬金,為財帛星,尤重橫財或意外機緣。
艮屬土、艮為山,故多發山林田莊之財。
艮為少男,為子星,得運則多生貴子〕
●八白得運,出孝義忠良之人與壽考之人。
〔旁註:八白生旺,出人心地光明、沈穩溫良。
艮8又是慈星與壽星,得運生旺則出壽星〕
〔旁註:八白主星、魁星,得運則文才能夠發揮,考試又能名列前茅;主能經由考試而獲得功名富貴〕

9紫得運。……下元離火得運吉應。

◎九紫離卦,方位屬正南方,五行為火、五色屬紫。離為中女。論人身,為眼目、為心臟、為血液。

◎九紫為文明、為喜慶。

● 九紫得運,主添丁發財;可驟發巨富,商場得意。
〔旁註:火性暴烈,故主快速爆發〕
● 九紫得運,主文章科第、驟發榮顯。多應發貴中房,又主喜事臨身。

〔2024～2043九紫運納氣交會剋應〕

1白與2黑納氣交會。……1白二黑於下元俱失運。

● 傷丁而寡婦當家。或夫妻情薄、婦爭夫權、惡婦剋夫。
〔旁註:坎水主男、坤土主女、主寡。坤土剋坎水,故而女剋男而妻欺夫;更且男人早夭而寡婦當家〕
● 宅中之人,多腹部腸炎等脾胃病,亦多生殖泌尿疾病;難多腎虧敗腎之病,婦女則多墮胎、產厄。
〔旁註:坤為腹、為胃腸,坤二失令則不能制水〕
〔旁註:坎水屬生殖泌尿系統〕
● 若出人丁,則易出聾啞。
〔旁註:坎水主耳而受剋〕

1白與3碧納氣交會。……下元，1白3碧俱失運。

● 家出盜賊，犯官訟及牢獄。亦多家境暴敗、離鄉漂流。

〔旁註：1白水主智，失令則不正之智，主出狡猾之徒。
震三失令為蚩尤星、好勇鬥狠之神，亦為賊星；
因此容易因刑傷或做盜賊獲罪、遭逮捕入獄。

通常應在長男〕

〔旁註：震主動，失運則暴敗萎縮，一白水失運則是水泛
漂流。交會則暴敗刑傷、不能安居、被迫遷居〕

● 肝膽疾病、喘咳、瘋癲、膿血、腎耳疾病。又多四肢傷
殘、中風殘疾。

〔旁註：三碧主肝膽屬木、木能生風，呼吸為風，故致肝膽
疾病、咳喘。肝主藏血功能，震木為髮膚〕

〔旁註：中醫認為肝控制中樞神經系統，肝傷則起癲狂〕

〔旁註：坎一屬水為耳，又是生殖泌尿系統〕

〔旁註：震為動、為腿足。木主肝又為中樞神經系統，肝血
不足則無法滋養於筋，就容易引起中風與抽筋，且
多致半身不遂、不能行走〕

1白與4綠納氣交會。……下元，一白4綠俱失運。

● 人丁衰敗，且犯淫蕩敗家，會出風流文人。

〔旁註：坎一貪狼為子星，失運則衰，有育亦是早夭。
坎水主腎，失運則胎神不固。又主出人洩氣太甚、
無精神，難以久享天年〕

〔旁註：巽為風、四綠飄蕩，一白水旺則霊，故而多淫。
　　　　一四交會而失令，則愛好風花雪月、沈迷酒色、不
　　　　求上進、不務正業，故常因此而讓家業破敗〕
〔旁註：一四交會，本主書香門第，失運則多風流淫蕩〕
●家門容易有外遇事件，甚至會有非婚生子或外遇生子。
〔旁註：坎為中男，巽為長女，雖合陰陽，但非正配；且一
　　　　四交會失運主淫蕩〕
●論身體疾病，則多患中風或痲瘋之疾。
〔旁註：巽４為風、主呼吸與氣息，坎１為水、主腺體；交
　　　　會失令，身體循環不佳，且呼吸不暢則哮喘，循環
　　　　不佳則鬱積；積於體表神經為痲瘋，內部血路不通
　　　　則中風〕

１白６白納氣交會。……下元，１白失運而６白得運。

●出人雖有武貴，但犯淫逸飄蕩。
〔旁註：６白得運主牙笏官星武貴，然１白失運則水蕩〕
●男人精竭而出寡婦，且婦女壽短。
〔旁註：１６同宮，金生水而失運，有精洩不止之象〕
〔旁註：１６坎乾俱是陽卦，扶男不扶女〕
●易得腦充血。
〔旁註：乾為頭，坎水在人身為精氣、亦主血〕

1白7赤納氣交會。……下元，1白失運而7赤得運。

● 雖容易富貴，但多出酒色淫慾桃花。

〔旁註：兌7生旺為金錢、1白失運則淫蕩〕

● 易罹生殖泌尿性病以及耳朵疾病。

〔旁註：坎主腎與耳，坎水失令衰死則主性與情慾；坎中男、兌少女，故多應中男少女荒淫而得病〕

● 亦遭遇意外刀傷或車關血光。

〔旁註：兌為刀劍、坎水亦主血。坎水流動，為交通〕

1白8白納氣交會。……下元，1白失運而8白得運。

● 利田產功名，然不利男丁，尤其中男。

〔旁註：坎中男失運，艮為文才學業、地產置業得運。1白水屬智，失運逢土剋，出痴呆男子〕

● 易得生殖泌尿系統、耳病，以及血液疾病。

〔旁註：男腎虧、女經期不順、不育或墮胎產厄〕

● 注意遭盜，或出賊盜邪魔。

〔旁註：坎失運為盜為賊〕

1白9紫納氣交會。……下元，1白失運而9紫得運。

● 可得喜慶驟富，然中男反易散財敗業。

● 易得生殖泌尿系統、耳病，以及血液疾病。

〔旁註：坎水失運、火水未濟〕

2黑與3碧納氣交會。……下元，2黑3碧俱是失運。

- 出偷雞摸狗之徒，主男人賭博敗家、田園荒蕪。
- 長子逆母。夫妻不和相欺，且招引官司刑獄。

〔旁註：坤為田園、為家，失運則敗壞家園〕

〔旁註：坤卦 三爻皆陰，失運主陰險小人；3碧失令則為蚩尤星、為惡徒。震3長男剋坤2老母〕

〔旁註：二三交會為鬥牛煞。坤2為婦、震3為男，震木剋坤土，此為內鬥，論外鬥則主官司刑獄〕

- 恐發生〔**被土石物件壓到或毆打**〕的傷亡災難。

〔旁註：坤為牆土、為肉身，雷為動、為擊。
　　　２３失運交會有地震牆倒土石流以及毆打顯象〕

- 二黑與三碧失令而交會，居人易有〔**消化不良、食積及肚漲**〕之疾病，亦多見〔**精神疾患**〕。

〔旁註：震木剋坤土。震木代表膽汁與活力，坤土為腹部脾胃等消化器官。三木剋二土，會使膽汁的分泌不正常，以致消化不良，脾胃無力而積食脹滿〕

〔旁註：2黑為陰邪、為陰沈心機、為慢性病多憂鬱。3碧暴亂，偏向躁鬱。憂鬱躁鬱俱是精神疾病〕

2黑與4綠納氣交會。……下元，2黑4綠俱是失運。

- 傷丁破財、事業衰敗；家風醜陋，包括母女婆媳不和，更且家多淫慾，男兒好色、外藏情婦。

〔旁註：陰神滿地則傷丁，土逢木剋則不生金而敗業〕

〔旁註：坤二為老母與家業、巽四為長婦及風聲。
　　　　二四俱屬陰，巽四美女，也具漂泊淫逸之性〕
● 家室陰氣重重，常有狐形鬼影且出貪嗔迷信之人。
〔旁註：二四俱屬陰。巽四具漂泊之性，坤又為尼〕
● 易得〔**風寒、腸胃消化系統**〕疾病，以及〔**脊椎坐骨、痲瘋**〕之類的〔**皮膚筋骨**〕疾患。又主長婦難產。
〔旁註：巽為風，巽為股肱、為筋絡。坤為肚腹以及消化系
　　　　統，坤為地又為皮膚，2黑亦主細菌與瘟疫〕

2黑6白納氣交會。……下元，2黑失運而6白得運。

● 出〔**鰥寡孤獨、貪財吝嗇或迷信**〕之人。更且常見〔夫妻反目〕、多惹〔官非糾纏〕。
〔旁註：坤2失令為寡，乾6與2黑交會則鰥。〕
〔旁註：六白乾為黃金，二黑坤為吝嗇。乾六二黑交會為天
　　　　地否，則主吝嗇愛金錢，貪而無厭〕
〔旁註：乾為老父，坤為老母，其一失運則不和〕
〔旁註：乾為官府，失令則是官符；坤卦 三陰主小人〕
〔旁註：乾為父為僧、坤為為母為尼。失時交會，居人
　　　　夫婦失和，且容易迷信孤獨，與現實社會脫節〕
● 居人常有〔**頭痛、骨痛、情緒、腸胃、寒熱**〕之病。
〔旁註：乾為頭、為骨，坤主肚腹消化系統。〕
〔旁註：乾為金玉、為寒冰，坤為病符、為地熱〕

2黑7赤納氣交會。……下元，2黑失運而7赤得運。

● 缺男丁，寡母當家，亦且〔母女口舌、婆媳不和〕。

〔旁註：坤2為寡母、兌7為少女，純陰不生。兌為口〕

● 女人桃花、淫蕩無度，而且迷信神鬼而耗財破家。

〔旁註：坤土生兌金，純陰相配為同性戀之不正桃花；2黑失運為鬼、為尼〕

● 〔**回祿**、墮胎難產、血光〕之災，且有服毒自殺事件。

〔旁註：坤為肚腹、為病符、為毒藥，兌為口、為金刀。二七同道為先天火、血光血色屬火〕

● 常患泄痢之病或食物中毒。

〔旁註：坤土主腹部脾胃等消化器官，兌為口。坤土生兌金為泄，若二七同宮而失運，會病從口入，產生瀉痢的疾病〕

2黑8白納氣交會。……下元，2黑失運而8白得運。

● 家多爭鬥口舌、離家客死。小口損傷、出家為僧尼。

〔旁註：坤2為晦氣、失運為尼，艮8少男、失運為僧。尤其窗外見相應之禿山孤山，住出僧尼。窗門外有反背砂，則離鄉背井，或客死他鄉〕

● 多見交通車禍的損傷。

〔旁註：艮八與坤二交會則有寅申相沖之象〕

2黑9紫納氣交會。……下元，2黑失運而9紫得運。

● 多出女口、寡婦掌家，且出人愚鈍頑庸或淫蕩。

〔旁註：二九俱屬陰神，陰氣過重、孤陰不生，多生女口而難出丁，即使出男丁亦是壽短、小兒難養〕

● 居人易罹〔呼吸系統疾病、肚腹胃疾、腸疾便血〕。

〔旁註：2黑屬土為肚腹腸胃，火炎土燥，恐金脆而傷〕

● 易有〔**血光或祝融**〕之災。

〔旁註：火炎土燥，2黑為先天火、9紫為後天火。血液心臟與眼睛俱屬火，火性驟發〕

3碧與4綠納氣交會。……3碧四綠於下元俱失運。

● 出〔**不明事理、出入不當、身敗名裂**〕之人。

〔旁註：震本為名聲，巽本為貞潔，失運則反身敗名裂〕

〔旁註：震為動、為出，巽為入、為風、為飄移。失運則出入無常、飄搖不定，做事不明理而誤事〕

● 夫妻容易反目。

〔旁註：震巽本是陰陽正配，失運則互比高低〕

● 股肱四肢易傷，或有肝膽之痛或中風。

〔旁註：震巽俱屬木，為肝膽與四肢，在中醫論為神經系統。巽又為風〕

3碧6白納氣交會。……下元，3碧失運而6白得運。

● 雖有助官場事業，然家多爭執，甚至損丁。

〔旁註：6白主官貴，震為長房而遭剋，故損長男〕

〔旁註：乾為宅長、震為長男。乾金剋震木主父子不和〕

●易罹〔頭痛、耳鳴、肝病、腰酸骨疼〕，患在長男。

〔旁註：乾為首，震為雷、為動、為聲，其性上騰，震木又屬肝，故主肝陽上升，則生頭痛、耳鳴、肝病。金又剋木，氣攻兩脅，故腰酸背痛〕

●易發生車禍或有斷足之事，或有官刑。

〔旁註：震為足，乾為馬、為運行；乾金剋震木，主運動中腿足受傷。乾為官家，震木失運為枷鎖〕

3碧7赤納氣交會。……下元，3碧失運而7赤得運。

●震3與兌7相對，氣流直接對相穿不蓄，故為穿心煞。既不利人丁，且易致夫妻不和分離、破家蕩產。

〔旁註：震長男，逢兌金之剋，丁星受制，故而不利〕

〔旁註：震為家長、丈夫、出動，兌為妾、為少女、為毀折。兌金剋震木，長幼無倫，男女亂配〕

●常見肝肺兩傷，有吐血之應，而且會有手足之病。又恐有精神官能疾病。

〔旁註：兌為口、為肺，震木為肝膽手足、肝能養血，又主中樞神經系統；震木失運且受兌金之剋〕

●容易遭刀傷或車禍，而有斷足之事，或有官訟之災。

〔旁註：震為家長或長男，震為車馬、又為足〕

〔旁註：兌金為刑官，兌金七能剋震三木，故主招官災〕

3碧8白納氣交會。……下元，3碧失運而8白得運。

● 傷妻剋子、兄弟鬩牆而多爭、破財敗業、削職丟權，甚至有官司刑獄之災。

〔旁註：艮少男、丁星，8白本主魁星與富貴功名，又是財庫、財帛星；唯逢失運3碧之剋〕

〔旁註：3 8同宮交會而衰死，則是鬥牛煞，兄弟多因爭財產而惹官司。〕

● 多肝膽疾病及肢體損傷；又易有脾胃疾病、婦女墮胎。

〔旁註：震3肝膽、為腿足，艮土為脾胃肚腹，艮8又為手指、鼻樑、背脊。艮土逢失運震木之剋〕

● 震艮方俱是陽卦，房間床位收此二方之氣，80%生男。

3碧9紫納氣交會。……下元，3碧失運而9紫得運。

● 出兇暴浪子、賊男慾女，且易產生火災。

〔旁註：3碧蚩尤星、為長男，男兒暴戾，且是賊星。離中女，9紫屬火本吉，然與失運3碧交會，則木生火旺，產生慾火與火災〕

● 心臟血液系統疾病、目疾、難產、瘋癲及手足疾病。

〔旁註：血液心臟與眼睛俱屬火，震3為足，木生風，又主神經系統〕

4綠6白納氣交會。……下元，4綠失運而6白得運。

●家庭不睦且淫慾、剋妻，又主勞碌而無所得。

〔旁註：乾為老父、巽為長婦，不正之配，為淫慾象；
金剋木，長婦受剋則婦女多災，產難或刑剋〕

●中風癱瘓、口眼歪斜，肝膽及脊椎坐骨神經疾病。

〔旁註：金剋木，巽主肝膽，包括肝硬化、膽結石。
乾為頭、巽為風，口眼之病亦在頭。
巽為股、乾為骨，筋骨疼痛〕

●多遇官災或賊盜。

〔旁註：乾為官府、巽為入為隱伏。
巽木為文書，逢剋則多因文書類惹災〕

4綠7赤納氣交會。……下元，4綠失運而7赤得運。

●人丁衰敗、婦人當家；多口舌是非、多桃花貪淫風聲。

〔旁註：巽4長女、兌7少女，俱是女卦；陰神滿地，
多出口而不出丁。且金剋木，容易絕嗣〕

〔旁註：四巽為長女、為風聲，七兌為少女、為女色、
為口舌。醜聞風聲多出於少女與家庭主婦〕

●肝膽或脊椎疾病、出兔唇或啞巴或罹呼吸系統疾病。婦女罹患乳癌。亦多見瘋癲、精神疾患。

〔旁註：７４交會而金剋木，木主肝膽，巽四陰木主脊椎坐骨。兌屬金為口、木生風，俱口鼻呼吸系統〕

〔旁註：巽為乳、為風，木又主中樞神經系統；木逢金剋則
　　　神經系統受傷而瘋癲〕
●注意遭刀傷或兵禍、有肢體之傷。
〔旁註：兌為刀兵、木主四肢脊椎。死氣4與7交會，
　　　兌金剋巽木，多見四肢逢刀傷〕

4綠8白納氣交會。……下元，4綠失運而8白得運。

●少男多災病、損小口，多出隱士或宅男女，玩物喪志。男人懼內、短壽，婦奪夫權，夫妻不和。
〔旁註：巽舟飄蕩、艮山林，〈**山風值而泉石膏肓**〉；居人癖好遊蕩、難融入社會〕
〔旁註：巽木剋艮土，艮男卦少男受剋，〕
●易有呼吸或氣血循環不通暢的現象，容易中風。
〔旁註：四巽為風，於人身為氣，為呼吸；八艮為山，山能止風。四與八交互，則主呼吸及氣血循環系統不暢，故論中風〕
●出瘋狂、婦女墮胎。有肚腹消化系及皮膚筋骨疾患。
〔旁註：巽為風、艮為為風、為頭、為筋脈神經。艮屬土而受剋，症狀包括腹疼壅塞〕

4綠9紫納氣交會。……下元，4綠失運而9紫得運。

- 家嫂爭權，婦人不和，而且婦女專權跋扈。男子則出浪蕩、淫亂桃花、破家不歸、日久無嗣。

〔旁註：巽四為長婦、兌七為少女、為女色，陰神滿地，四九合為金，與本體木火不協，無益有損〕

- 常有股腰之苦。婦女則產厄、乳病。

〔旁註：４９俱是陰卦，巽為乳，巽為風、為股〕

- 小心火燭及瓦斯中毒之災。

〔旁註：巽為風、為飄蕩，9紫為後天之火〕

6白與7赤納氣交會。……6白及7赤於下元俱得運。

- 出武職刑官，掌兵權執；文財武庫，官祿雙收。

〔旁註：6白文貴、7赤武貴，雙金比和則錢財進益〕

6白與8白納氣交會。……6白及8白於下元俱得運。

- 富貴功名，家業興盛。

〔旁註：艮為山，６８交會則土生金，主財帛、武庫〕

- 乾艮方俱是陽卦，房間床位收此二方之氣，80%生男。

6白與9紫納氣交會。……6白及9紫於下元俱得運。

- 火照天門，丁財皆旺，家主貴壽且事業奔馳而有成。

〔旁註：乾為馬、為運行，離為火、為日。離火剋乾金，為烈日下奔跑之象〕

又離與乾互為先後天,故平穩有成,只是勞碌而奔走不停〕

7赤與8白納氣交會。……7赤及8白於下元俱得運。

●財富大旺,且出官貴;家庭和睦,子女康順。

〔旁註:艮土生兌金,有巨富之應。二十八星宿之胃土雉位在辛宮兌卦,為藏五穀之天倉;斗木獬則位在艮北斗,主市貨之府;牛金牛位於丑宮艮卦,為天之關梁,主犧牲之事,其星明,則天下安而牛馬廣肥。俱是主富足之宮位〕

7赤與9紫納氣交會。……7赤及9紫於下元俱得運。

●生聰明男女子弟、大發橫財,然而家逢婦女專權,子弟則有喜好江湖花酒之病。

〔旁註:9紫火生旺則文明,7赤為財帛、得運則性剛。離兌俱為陰卦,有柔媚取悅之象。酉又為酒,子午卯酉泛論為桃花〕

8白與9紫納氣交會。……7赤及9紫於下元俱得運。

●富貴雙全,家出秀士、位高多陞遷。

〔旁註:離火為文明之象得土來生,相得益彰。艮八為財星。九紫主文章科第,驟至榮顯〕

筆 記 欄：

附錄

現代陽宅羅盤解說

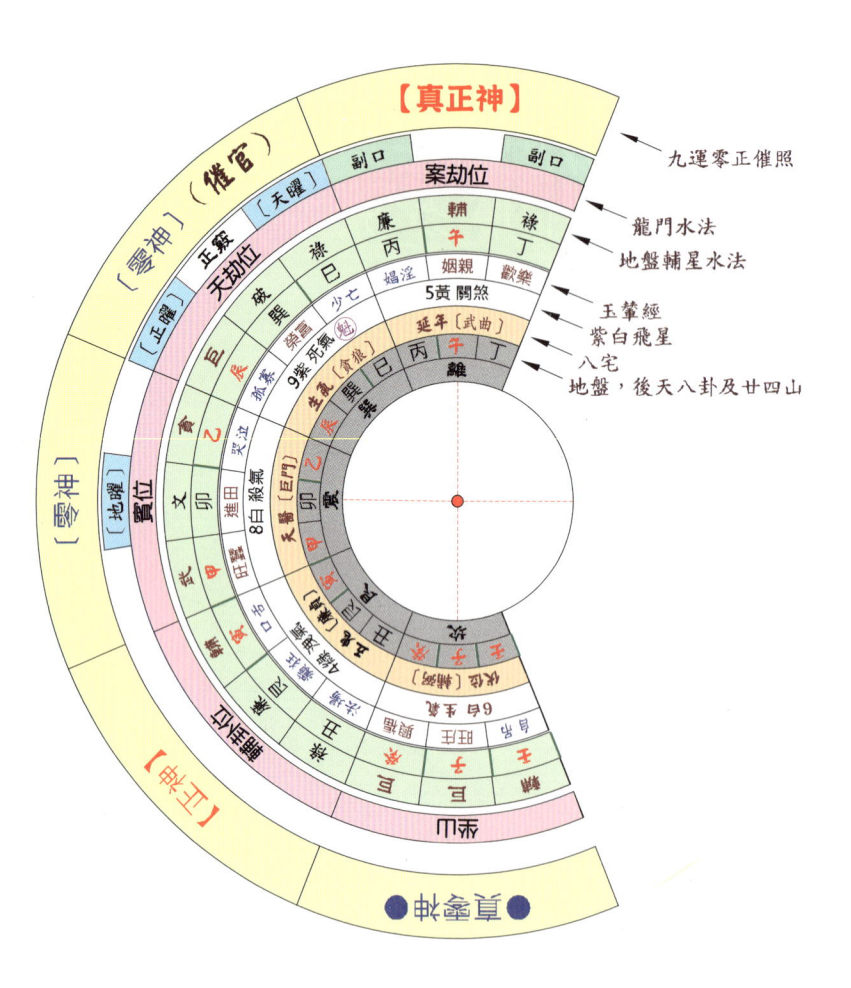

〔附加九紫運零正佈列〕

壬山丙向
現代陽宅羅經
〔附加九紫運零正佈列〕

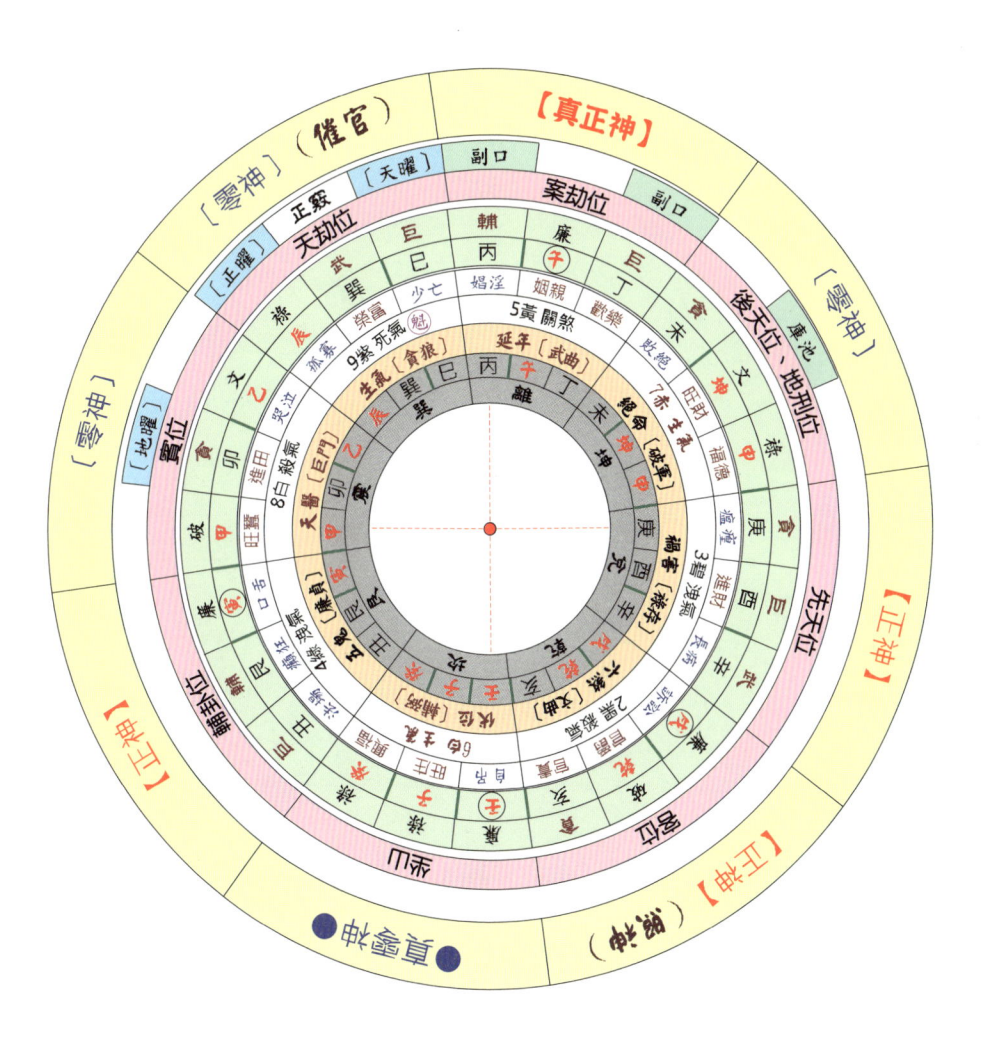

子山午向
現代陽宅羅經
〔附加九紫運零正佈列〕

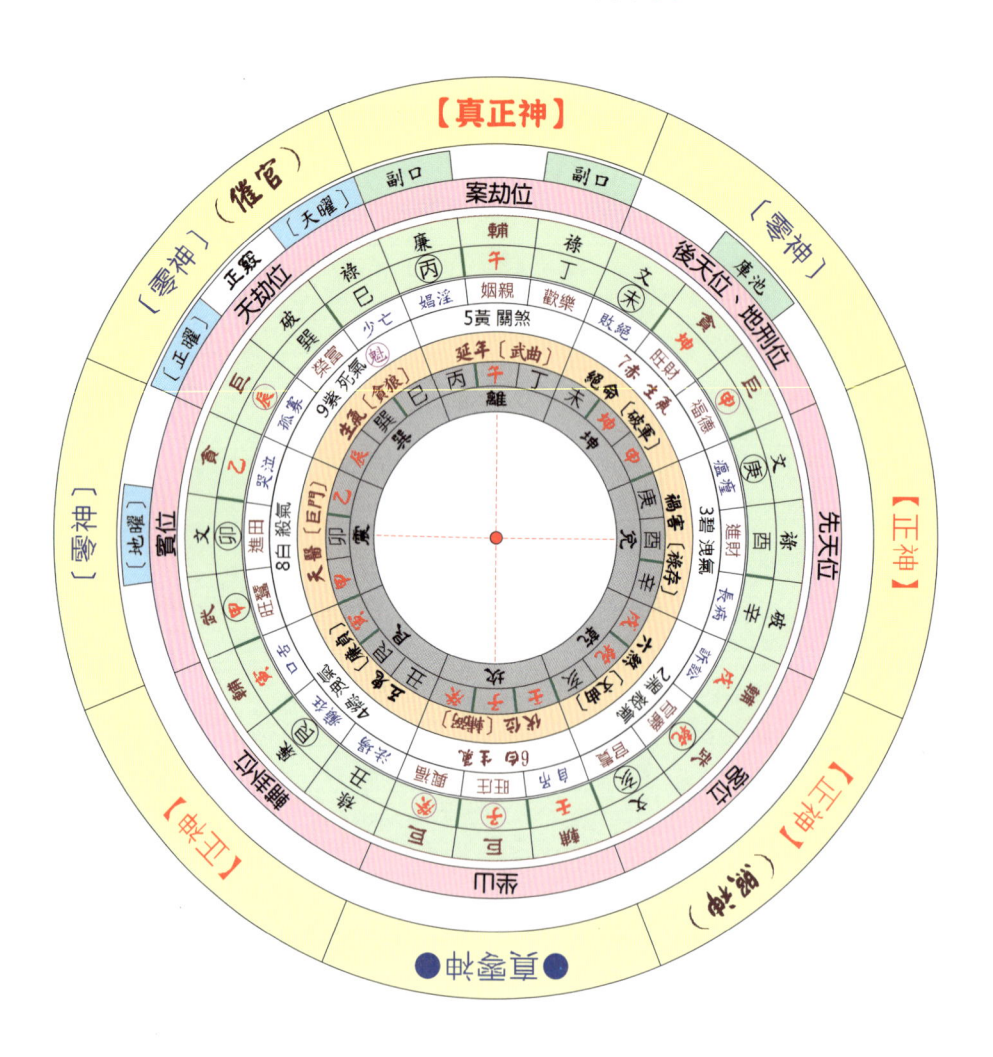

癸山丁向
現代陽宅羅經
〔附加九紫運零正佈列〕

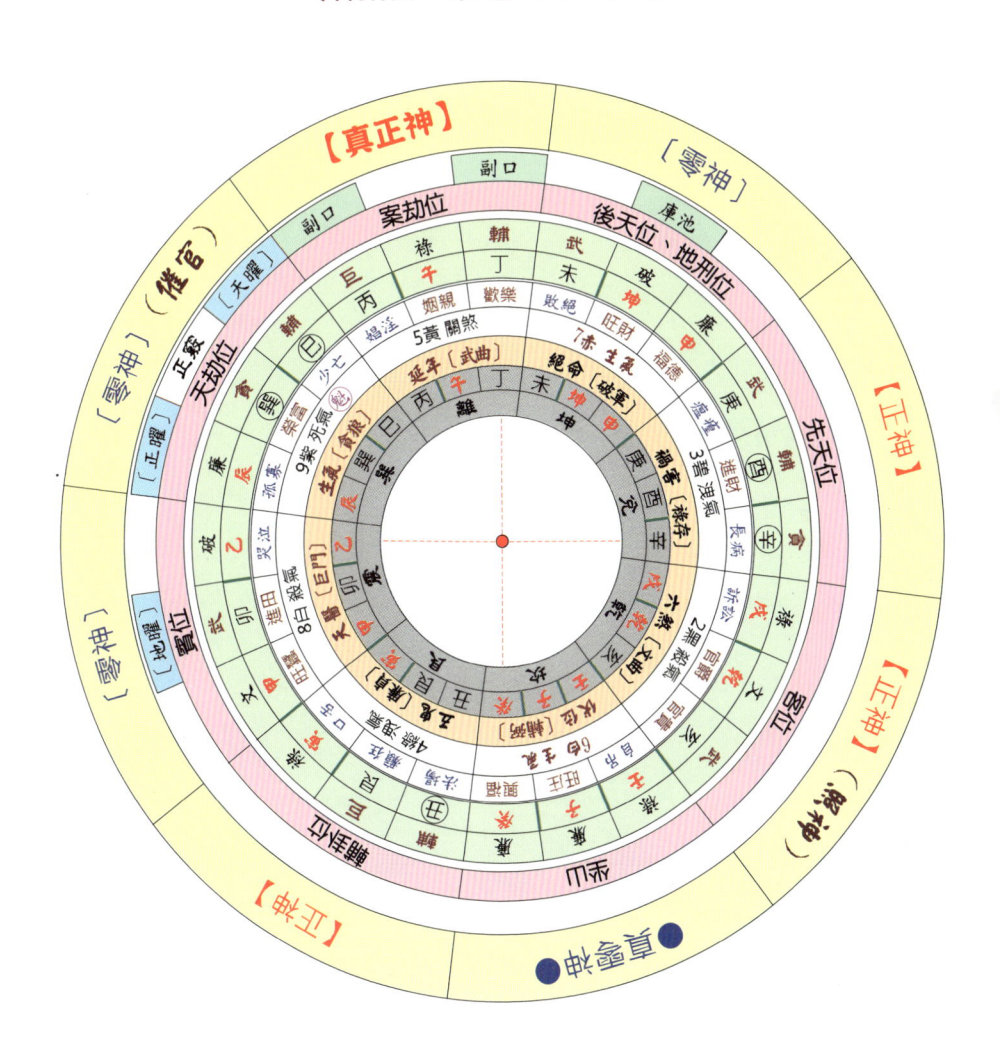

202 九運陽宅透析

丑山未向
現代陽宅羅經
〔附加九紫運零正佈列〕

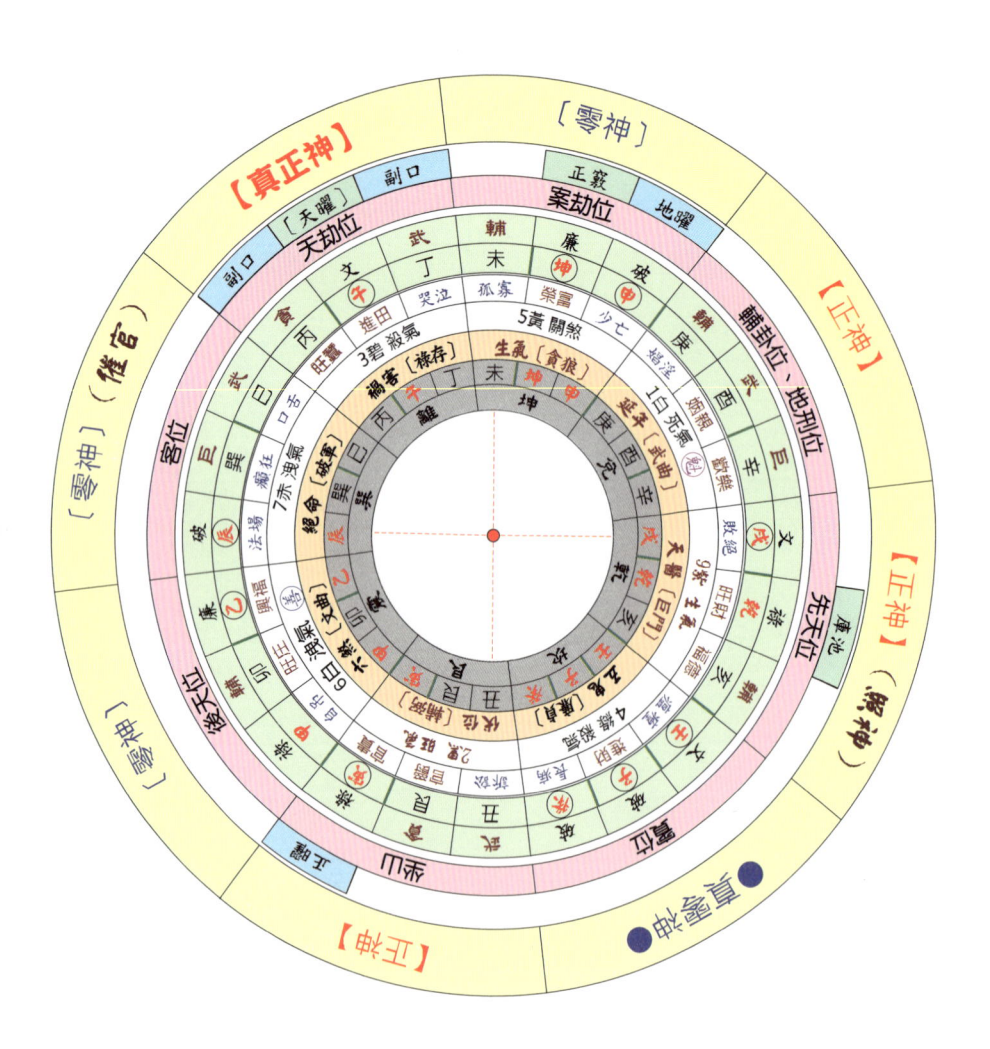

艮山坤向
現代陽宅羅經
〔附加九紫運零正佈列〕

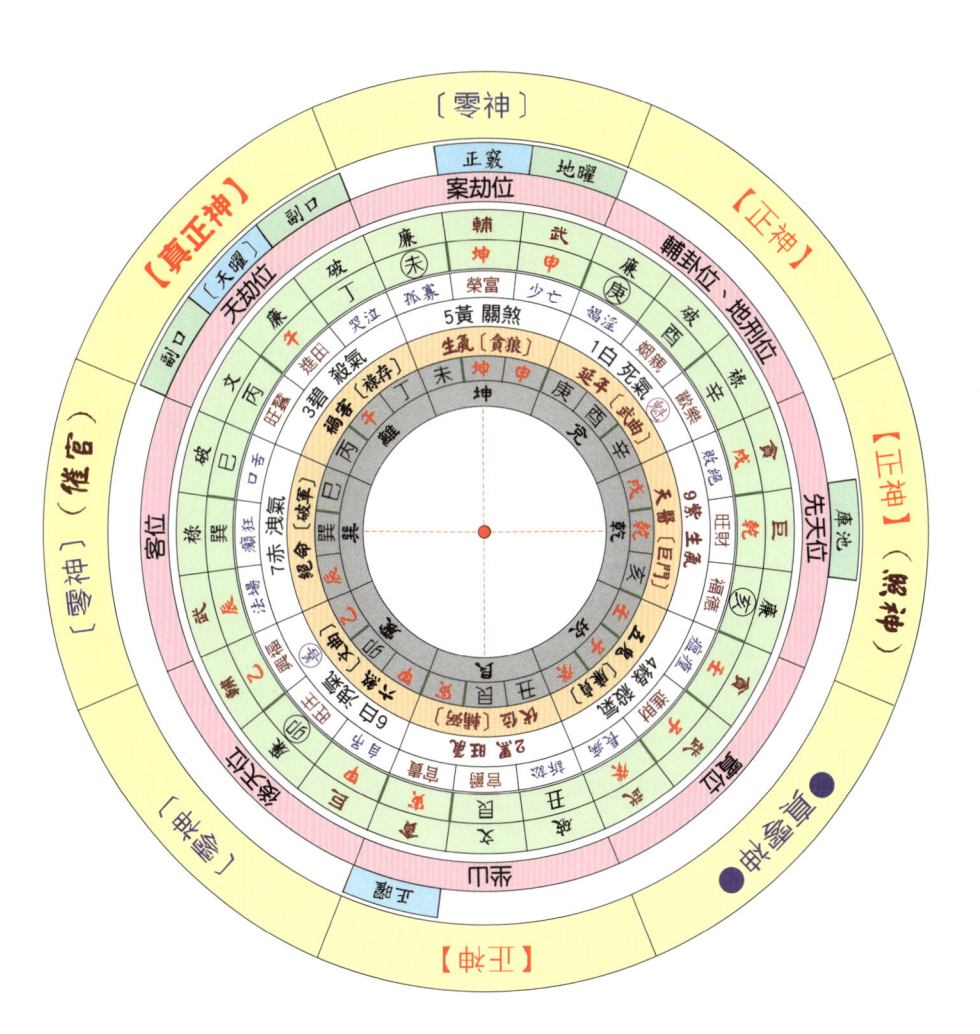

寅山申向
現代陽宅羅經
〔附加九紫運零正佈列〕

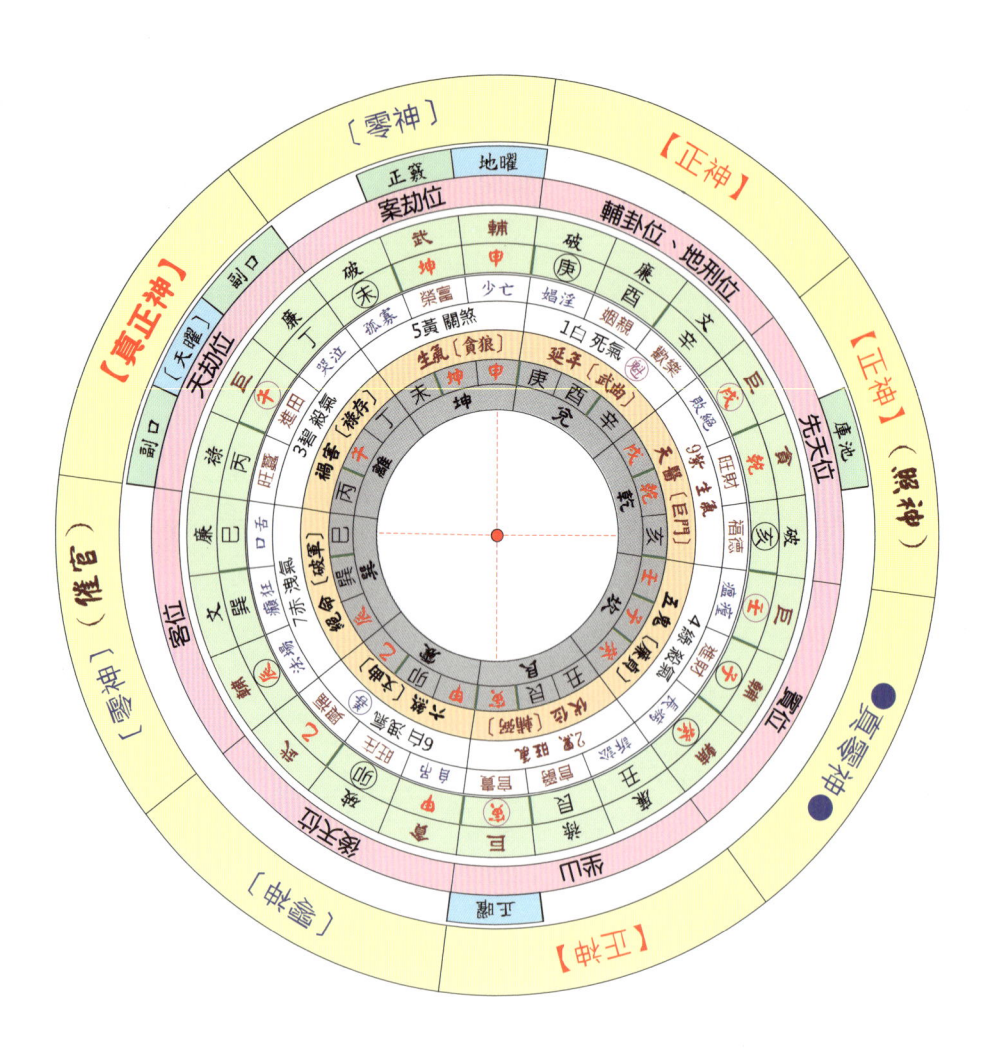

現代陽宅羅盤解說　205

甲山庚向
現代陽宅羅經
〔附加九紫運零正佈列〕

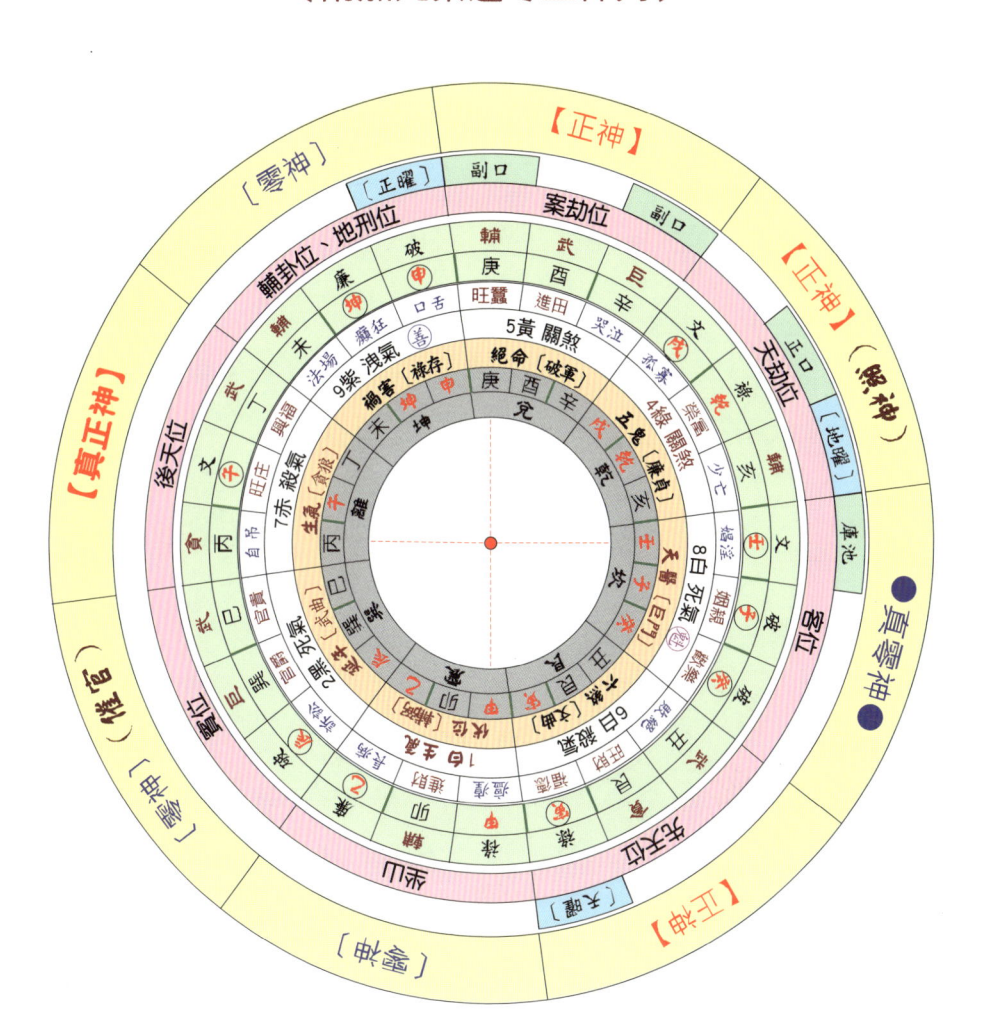

卯山酉向
現代陽宅羅經
〔附加九紫運零正佈列〕

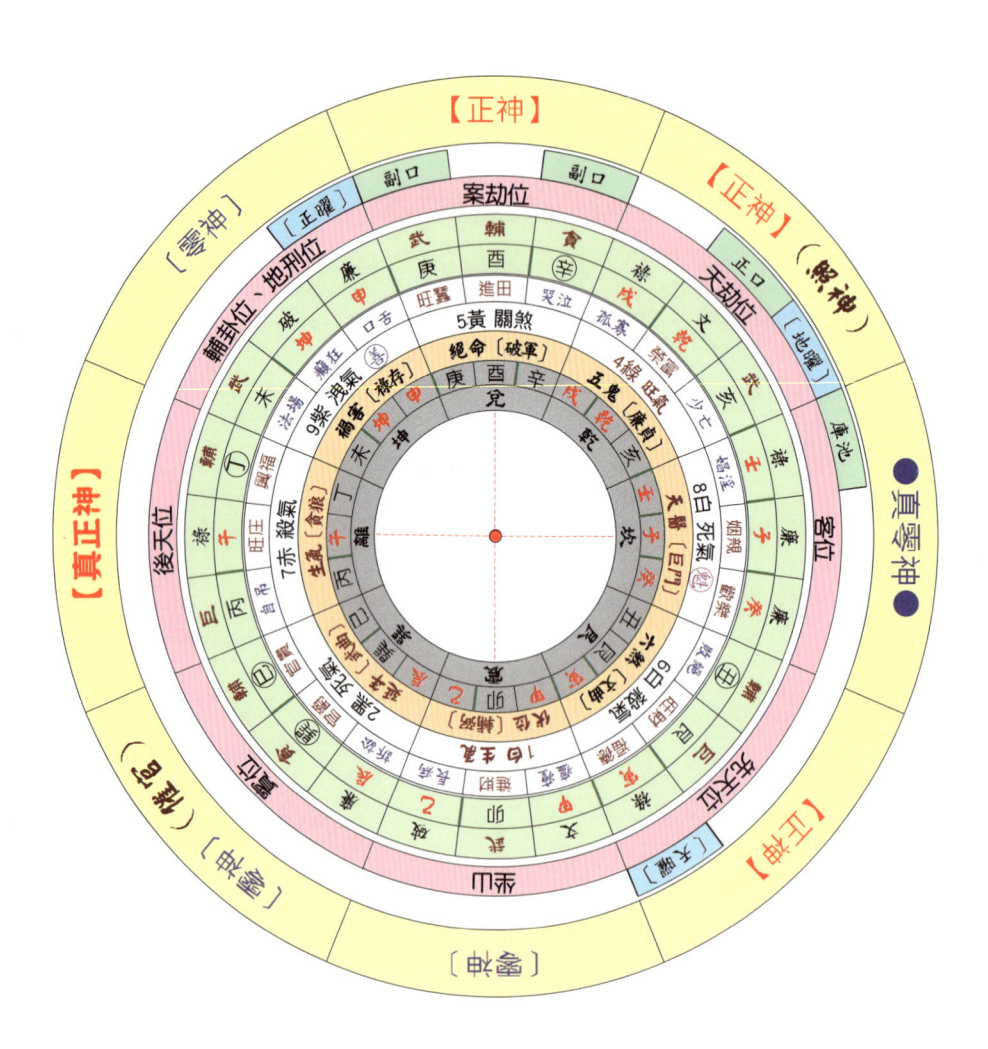

乙山辛向
現代陽宅羅經
〔附加九紫運零正佈列〕

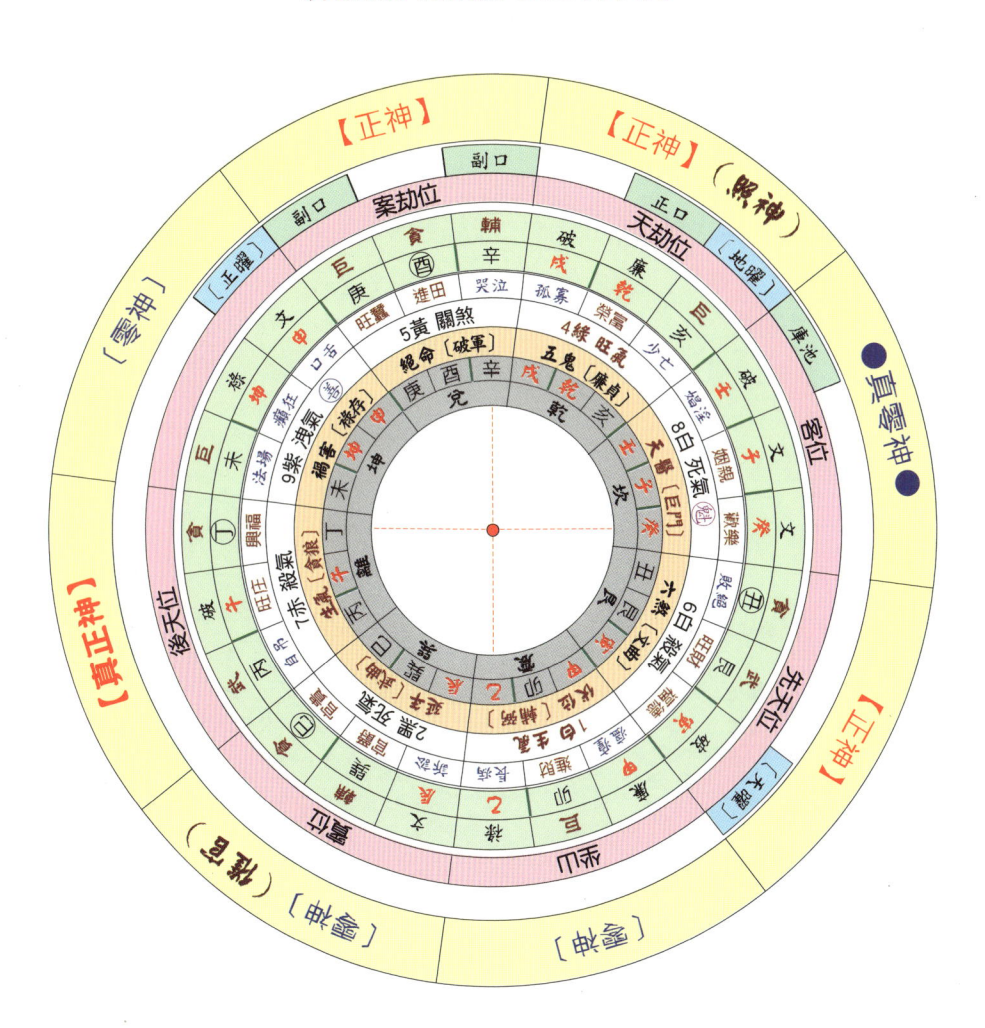

辰山戌向
現代陽宅羅經
〔附加九紫運零正佈列〕

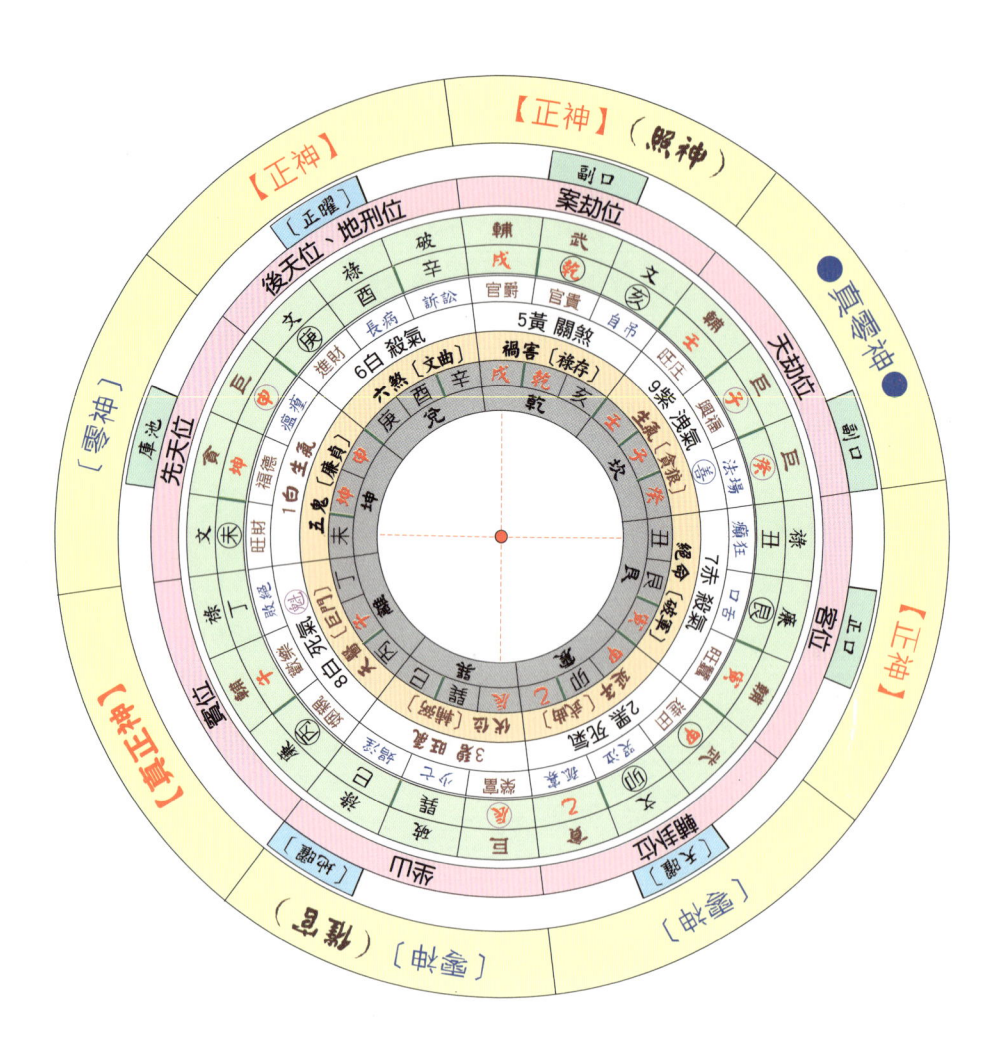

巽山乾向
現代陽宅羅經
〔附加九紫運零正佈列〕

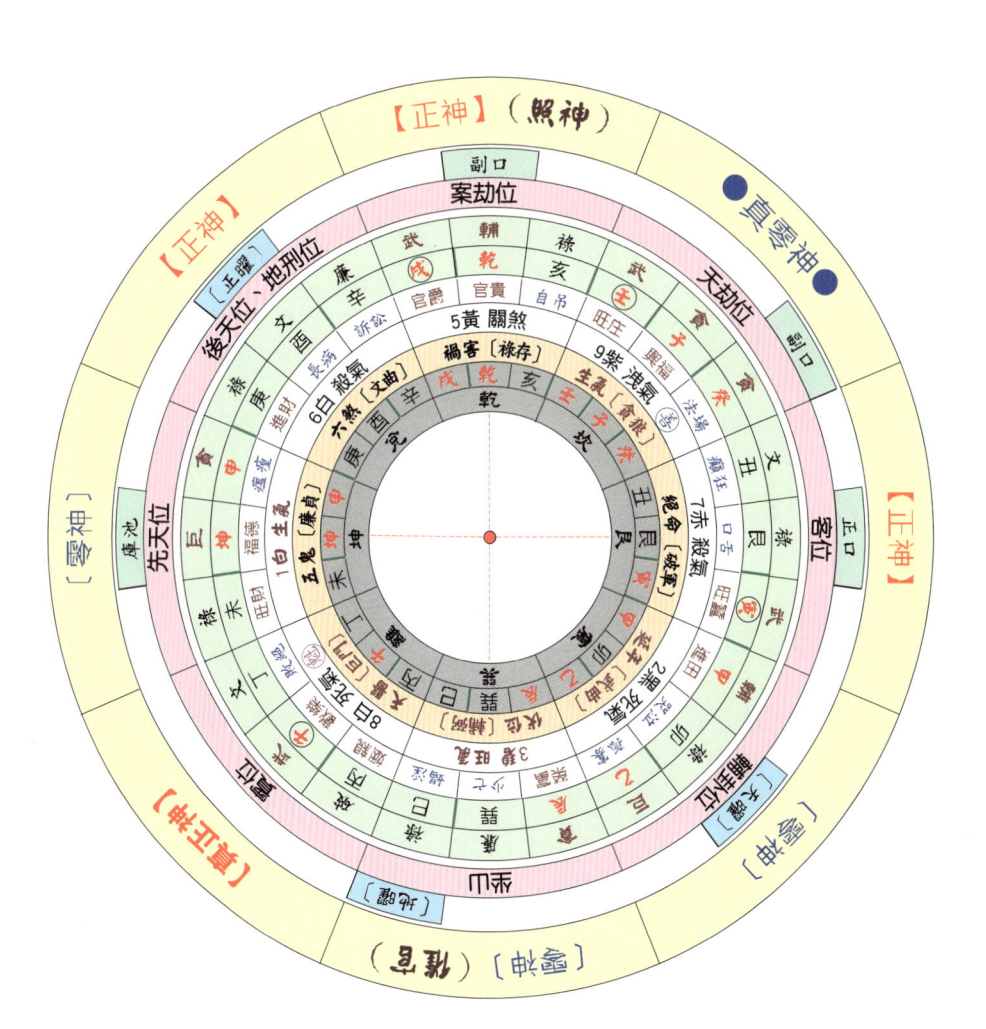

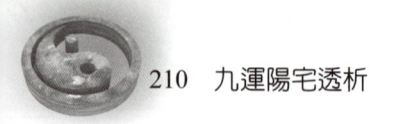

巳山亥向
現代陽宅羅經
〔附加九紫運零正佈列〕

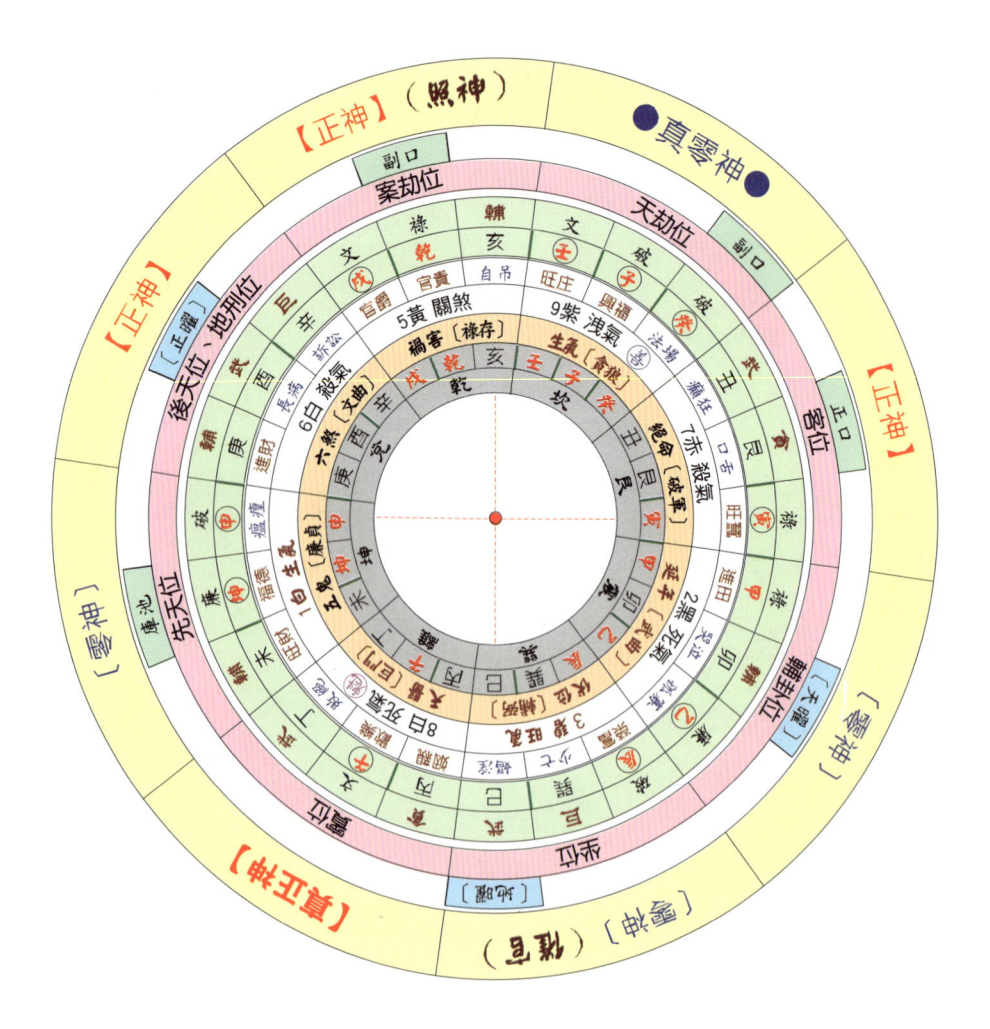

丙山壬向
現代陽宅羅經
〔附加九紫運零正佈列〕

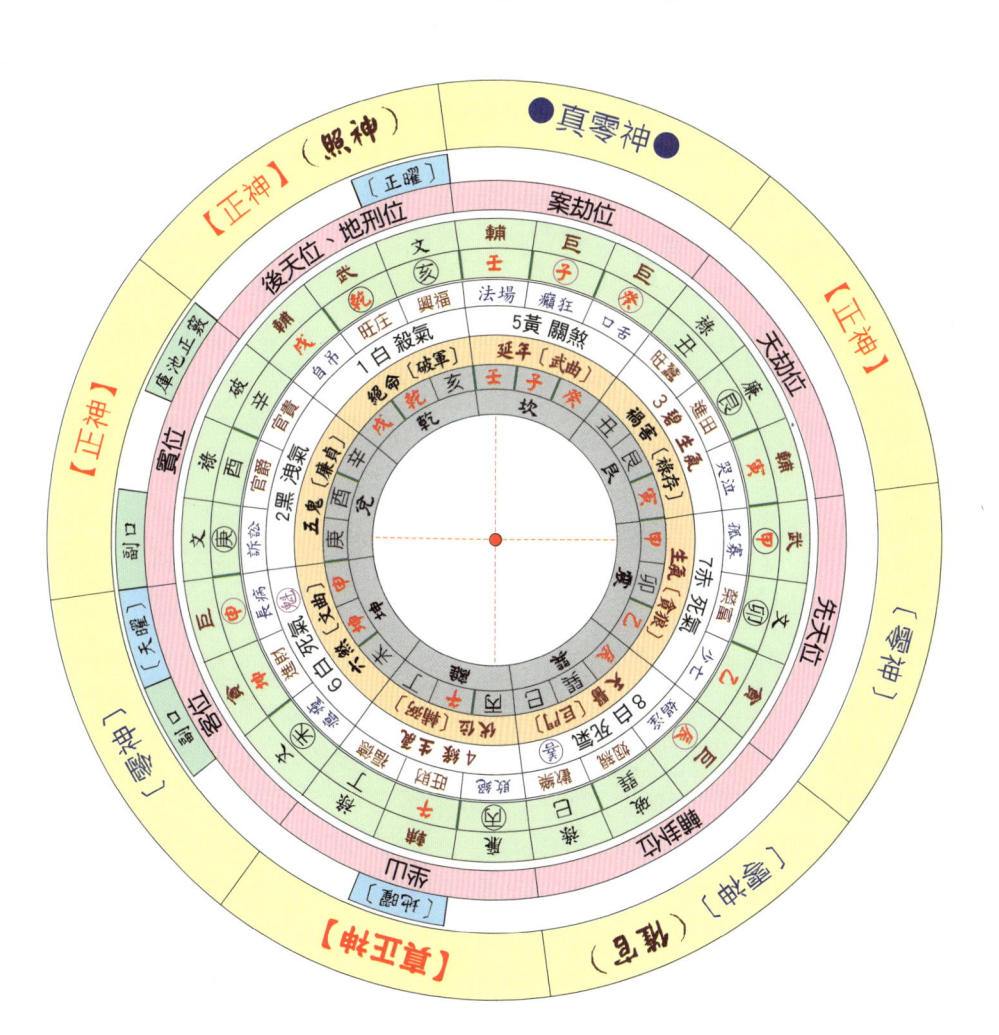

午山子向
現代陽宅羅經
〔附加九紫運零正佈列〕

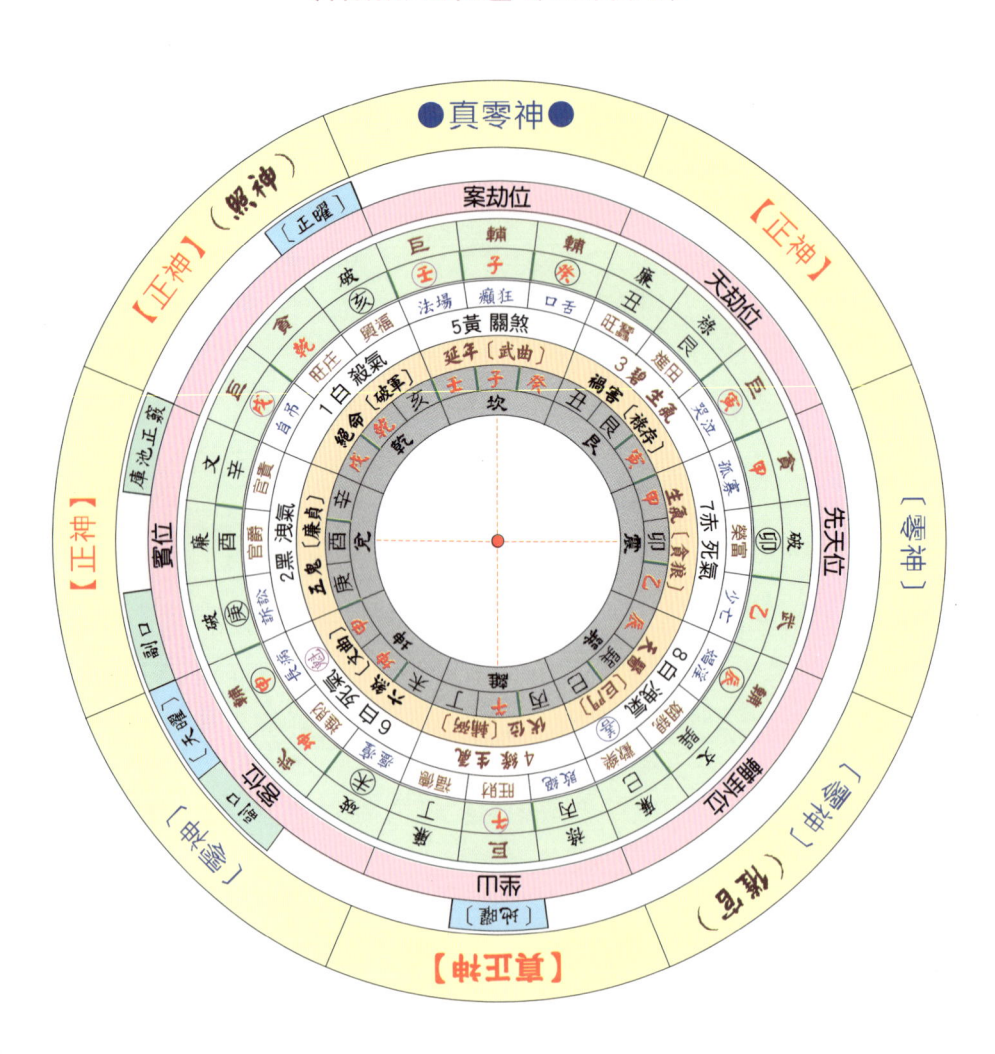

丁山癸向
現代陽宅羅經
〔附加九紫運零正佈列〕

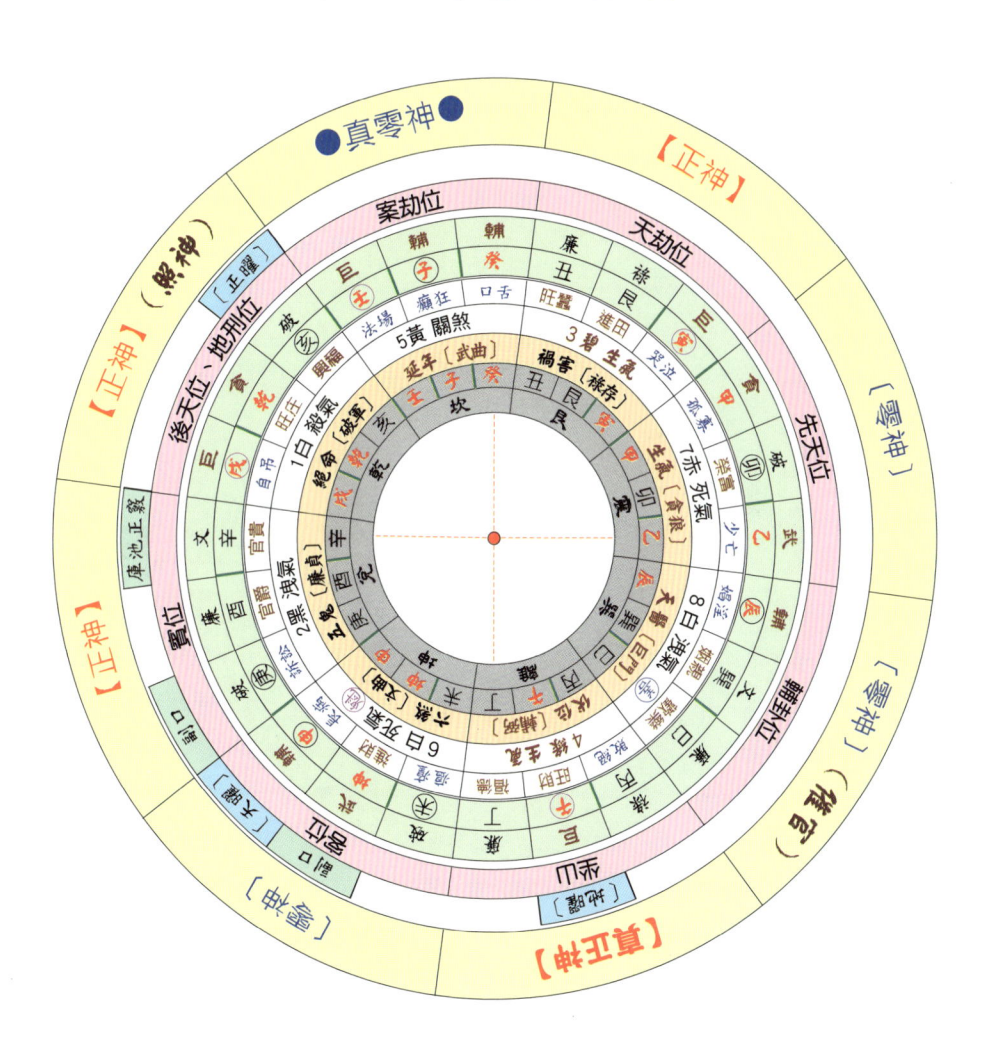

214　九運陽宅透析

未山丑向
現代陽宅羅經
〔附加九紫運零正佈列〕

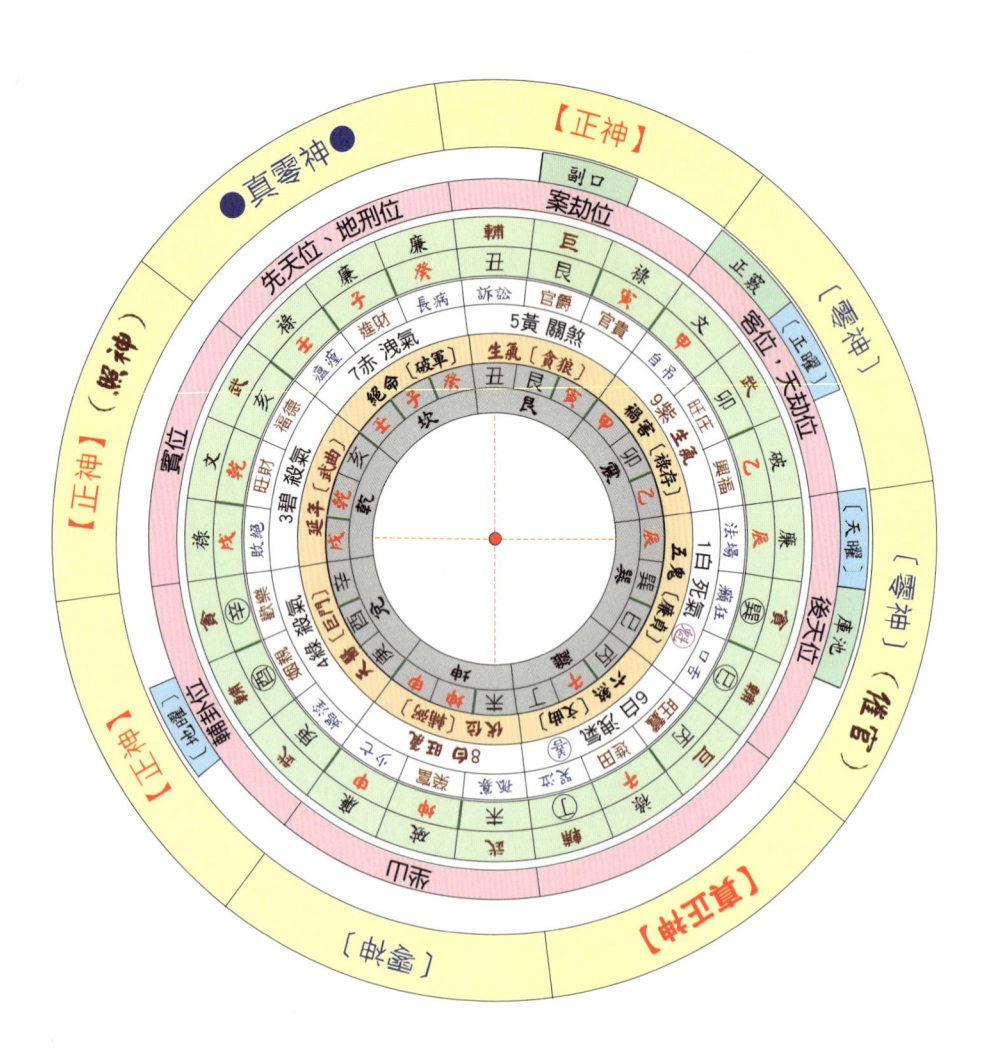

現代陽宅羅盤解說 215

坤山艮向
現代陽宅羅經
〔附加九紫運零正佈列〕

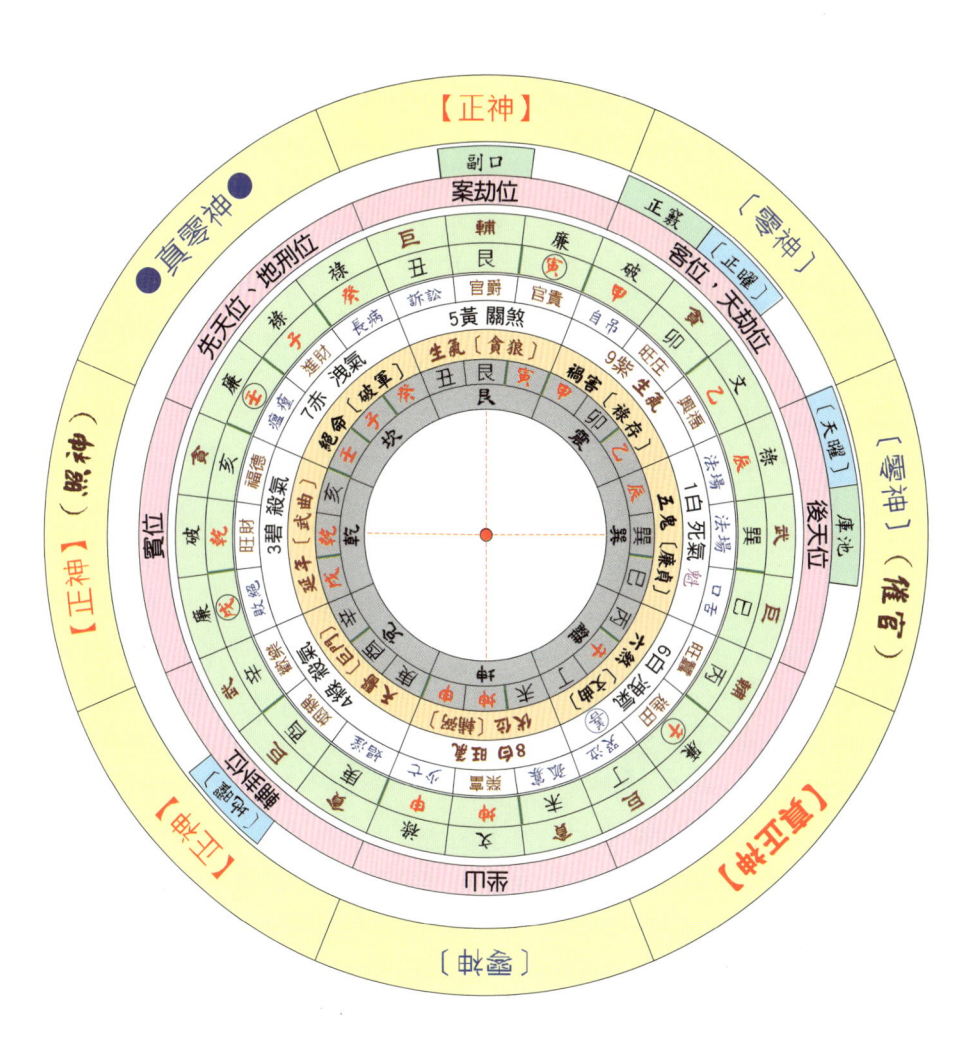

申山寅向
現代陽宅羅經
〔附加九紫運零正佈列〕

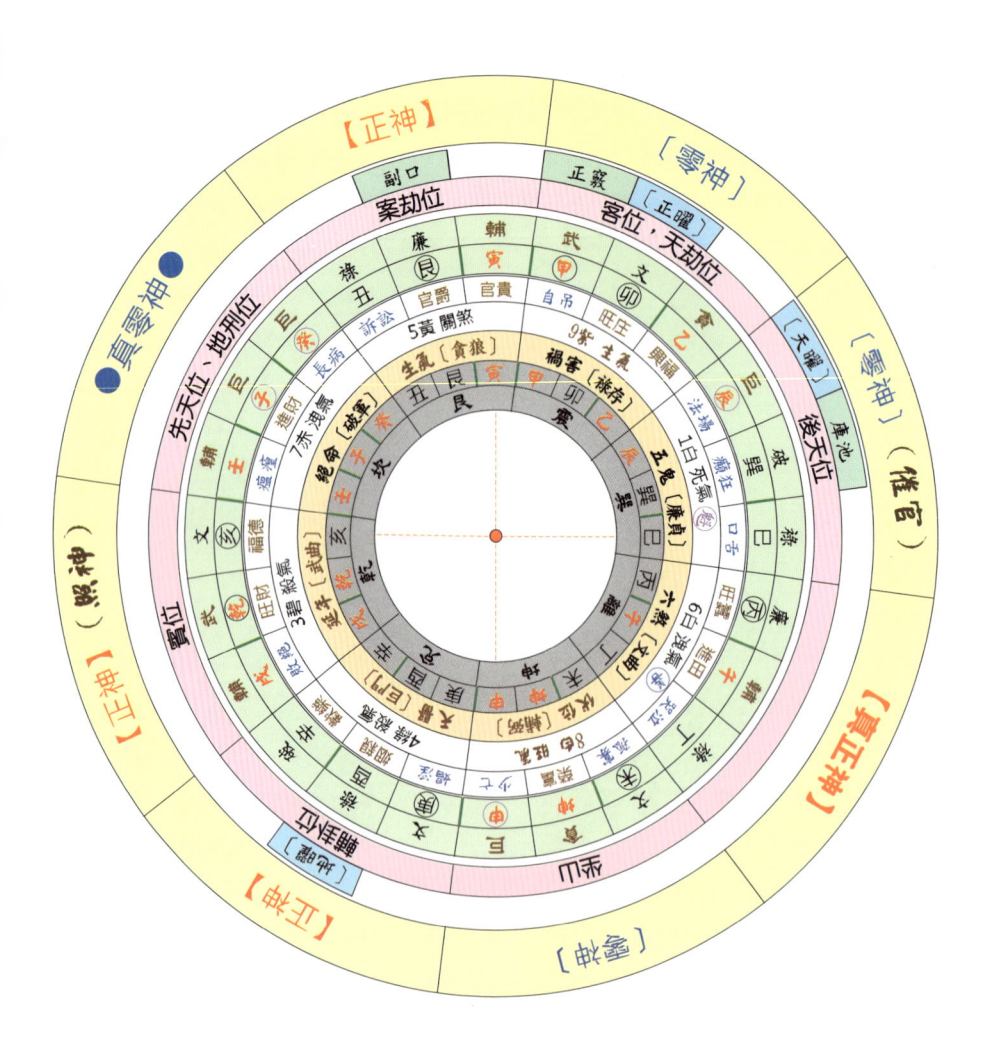

庚山甲向
現代陽宅羅經
〔附加九紫運零正佈列〕

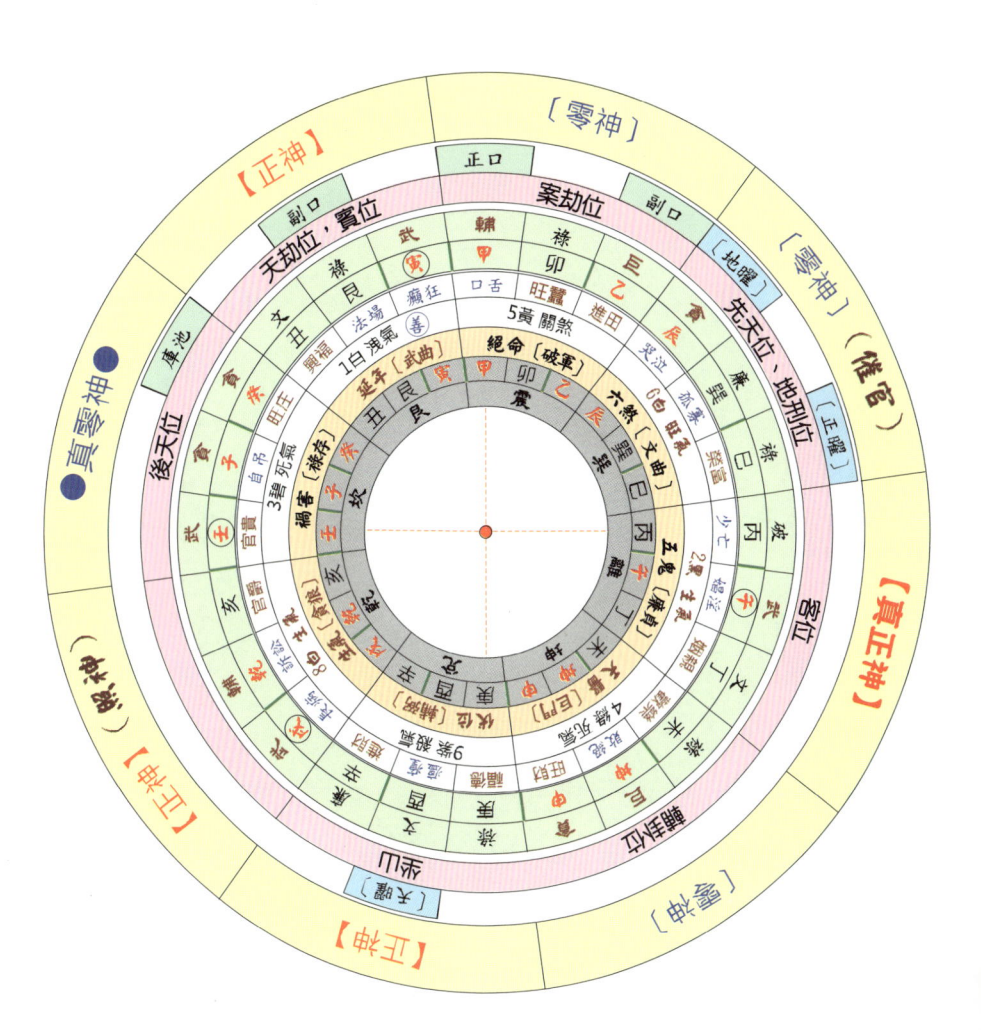

酉山卯向
現代陽宅羅經
〔附加九紫運零正佈列〕

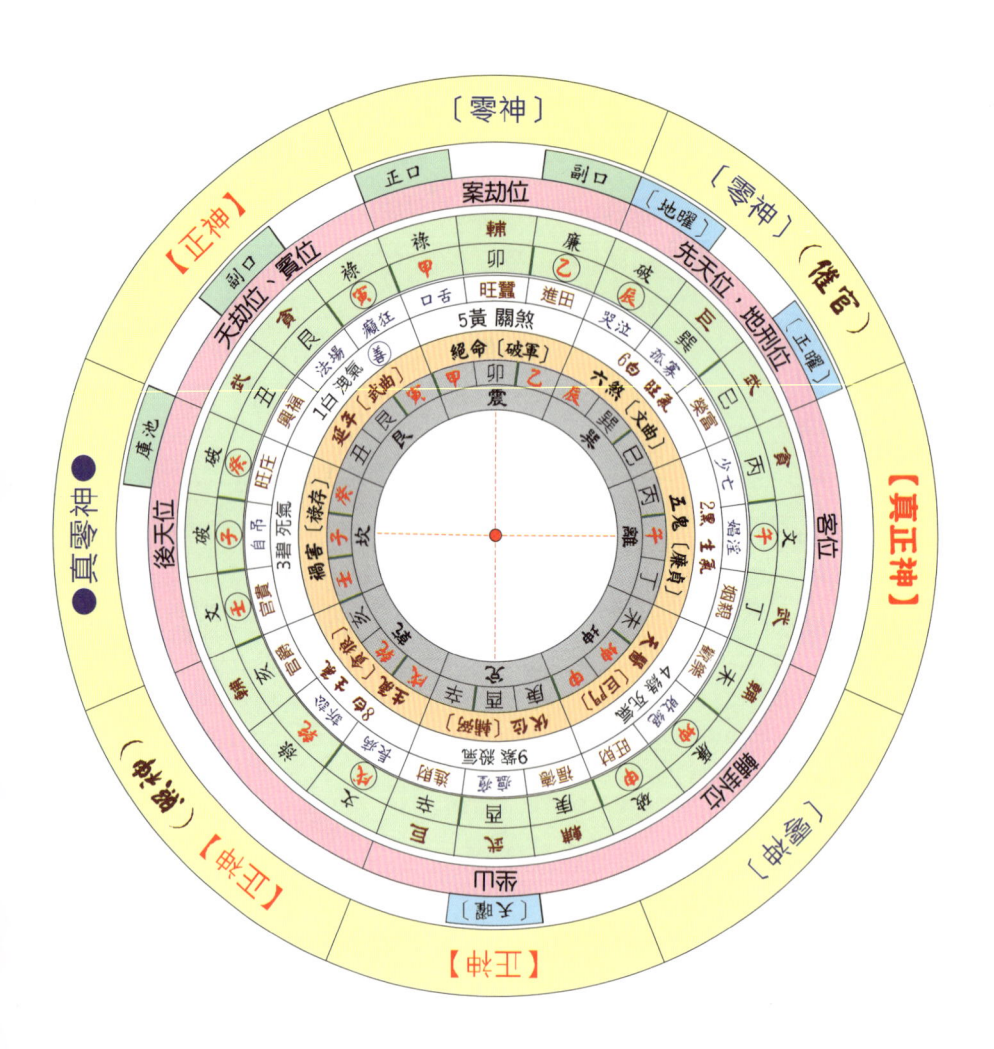

現代陽宅羅盤解說 219

辛山乙向
現代陽宅羅經
〔附加九紫運零正佈列〕

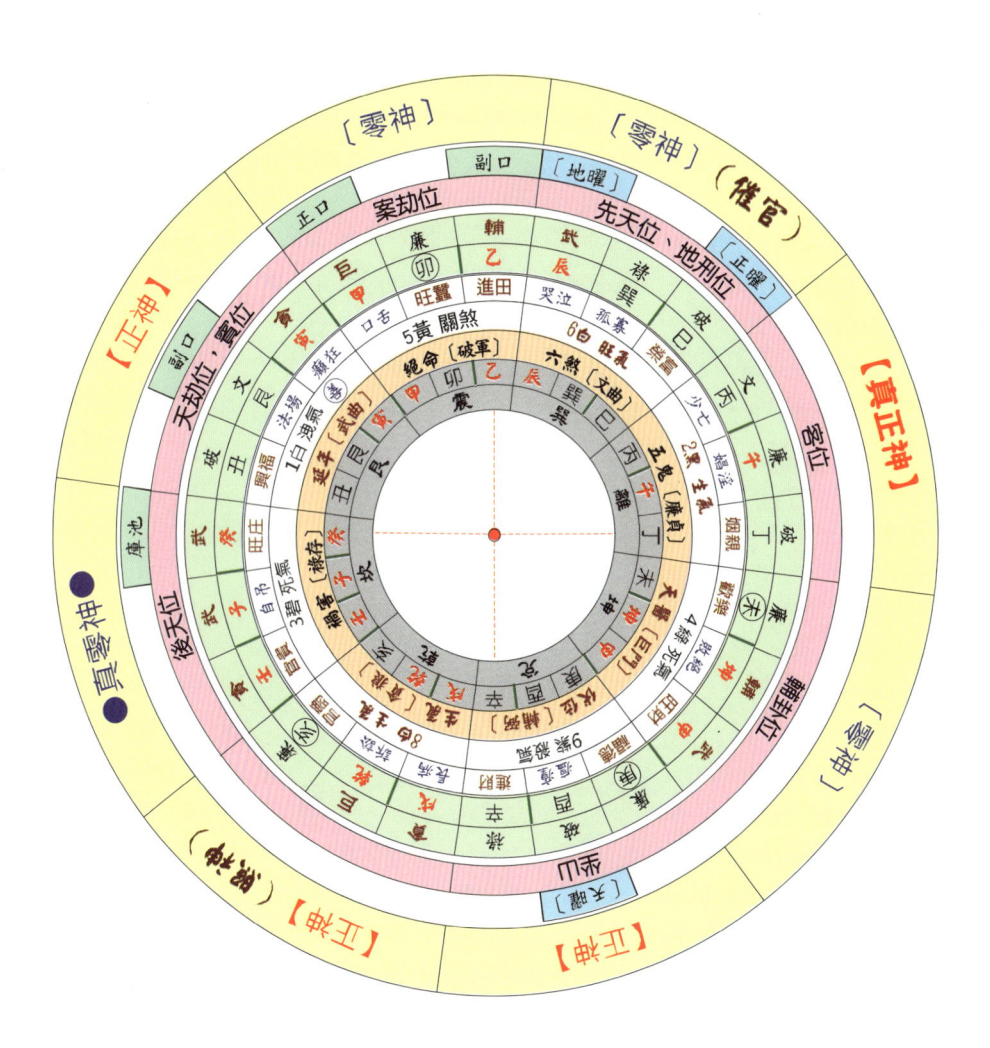

戌山辰向
現代陽宅羅經
〔附加九紫運零正佈列〕

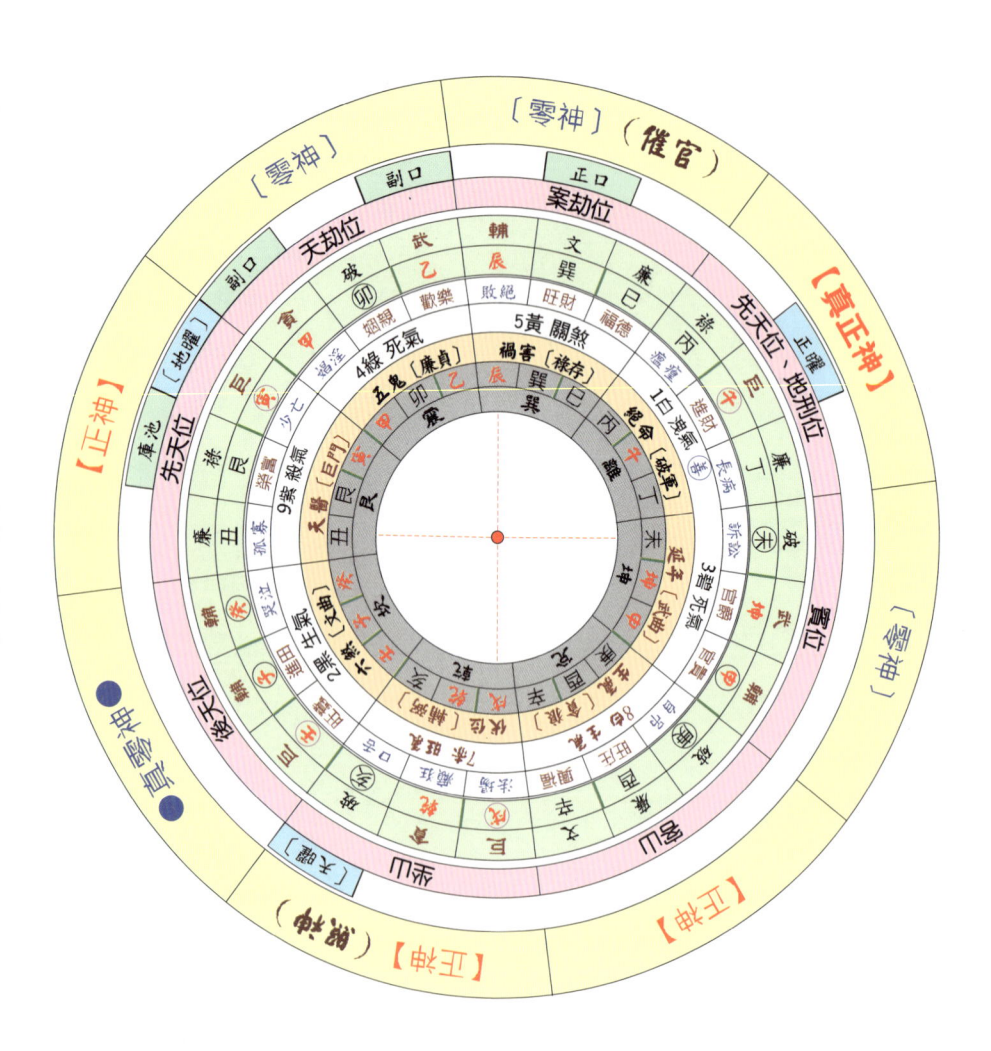

現代陽宅羅盤解說　221

乾山巽向
現代陽宅羅經
〔附加九紫運零正佈列〕

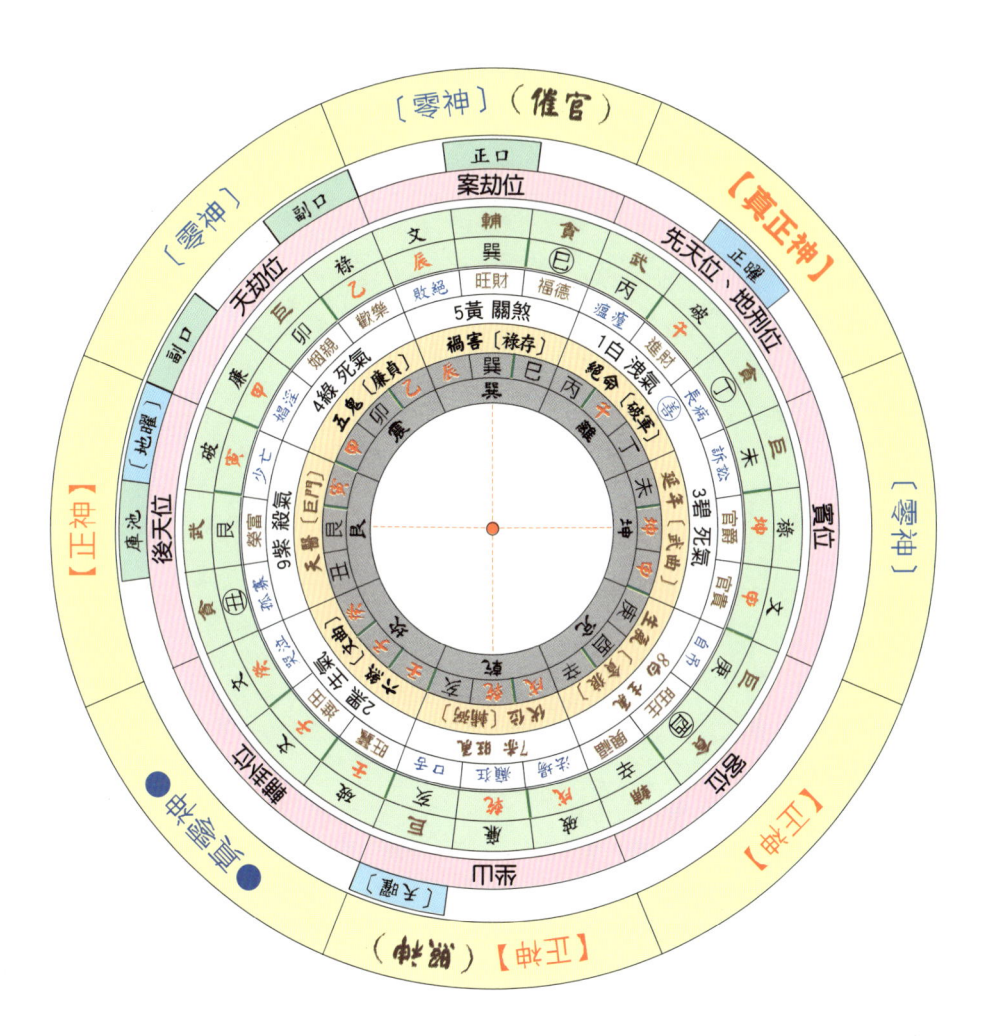

亥山巳向
現代陽宅羅經
〔附加九紫運零正佈列〕

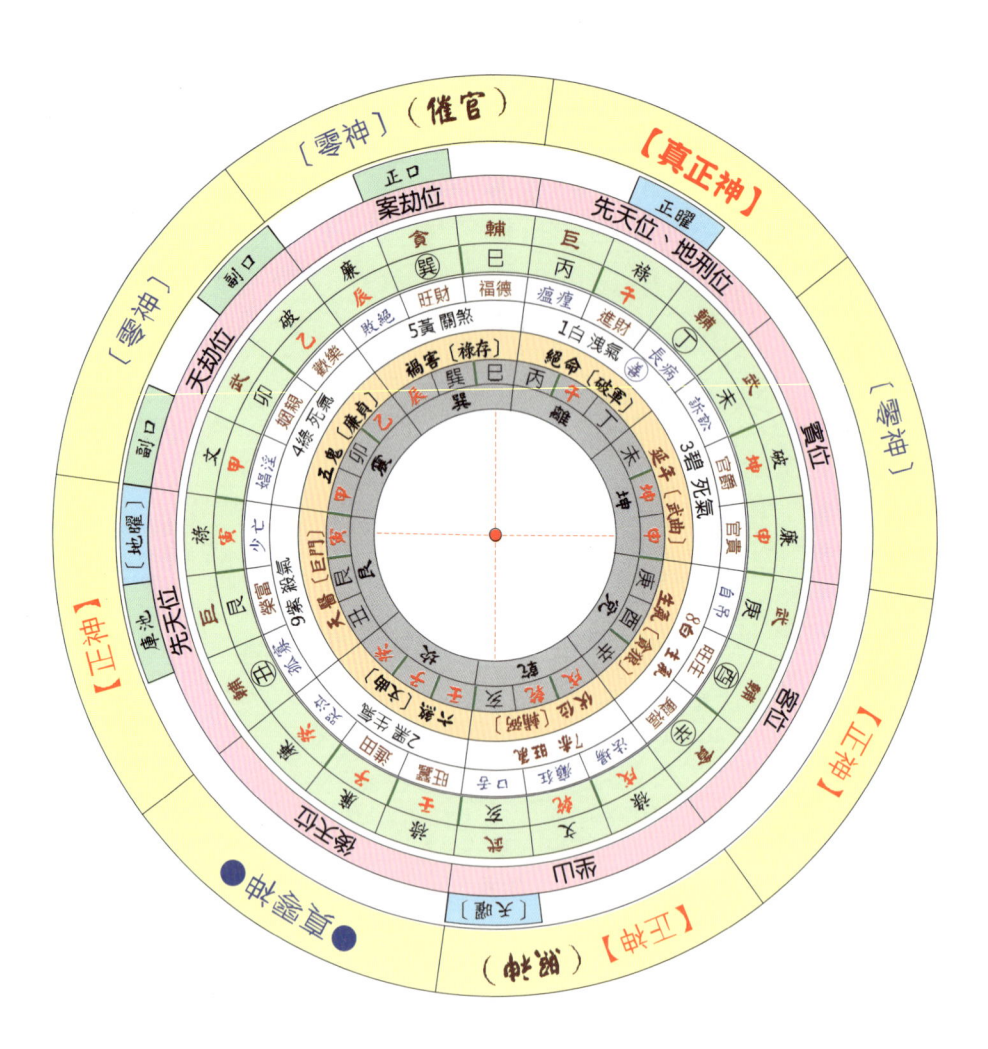

《九紫運何去何從》

◎甫進入2024年，元月下旬，節氣是〔**大寒**〕，仍是歲次〔**癸卯**〕，班上〔**商霸**〕在同學會群組內提出問題：〈全世界走過了三年疫情，馬上俄烏，迦薩戰爭/動盪。全球經濟停滯，經濟學者以康波週期帶入形容它。而中國曆書又將我們帶入60年一劫的赤馬紅羊劫（2026，27）這一把赤火會把中國人窒烤！兄有以教我？同學可以google一下，60年一劫的赤馬紅羊劫，後年之火馬，大後年之赤羊。前1966~67大陸紅衛兵運動，再往前60年五四運動。中國社會都在動盪！臺灣在中國旁邊，是中國人，經濟依賴大陸！台海安定，安全很重要！〉

〔旁註：2024國曆２月４日申時方才正式進入歲次**甲辰**〕

〔獨白：商霸在我們班上的成就是佼佼者。早年學校畢業數年後與學弟在北縣頂下一個塑膠射出成形廠；親身力為，業務與生產兩頭奔波。

90年代立足深圳、深耕大陸三四十年，目前在大陸是知名的上市大陸集團總裁。側面瞭解，其個人資產當有百億人民幣〕

【以下是我給的回覆】

◎2026歲次丙午、2027歲次丁未，丙丁屬火、紅色，所以說是〔**赤馬紅羊**〕。紅色主火災、戰火與血光，〔**丙午**〕形象〔**戰馬**〕、〔**丁未**〕形象〔**祭羊**〕，傳統的說法：〔**圍繞中原的中華大地多顛沛流離**〕。

◎術界有〔**三元九運**〕的說法：一個大運20年，三個大運60年一甲子算是較大的起伏循環；三個甲子，也就9個大運180年，多顛覆性的新局。……驗諸歷史，歷代王朝的興衰，脈絡大致相符。

〔旁註：王朝興衰大致上就是180年。

雖說有400多年的，但實際上是分屬兩段皇朝。

超過180年的，前後期事實上也難言管理，

多是盤整期或帶病延年、苟延殘喘〕

◎論世俗，你我成就固然有頗大差距，然而在〔**大運**〕運勢作弄之下，仍屬激流中之滾石漂木，只能順勢承受而已。就個人生涯論，我們已屬天之驕子，人生剛好落在〔**常態曲線**〕中段相對平穩的高峰佳期。

◎我只是一直慨嘆：〈**為何中華大地不能長治久安？**〉驗諸地理，似又有跡可尋。……中華大地左右落差太大，〈**易漲易退山溪水**〉，河流多暴起暴落、氣息短濁，感應於社會人文，亦是倏起倏落、起伏週期短。

《九紫運何去何從》　225

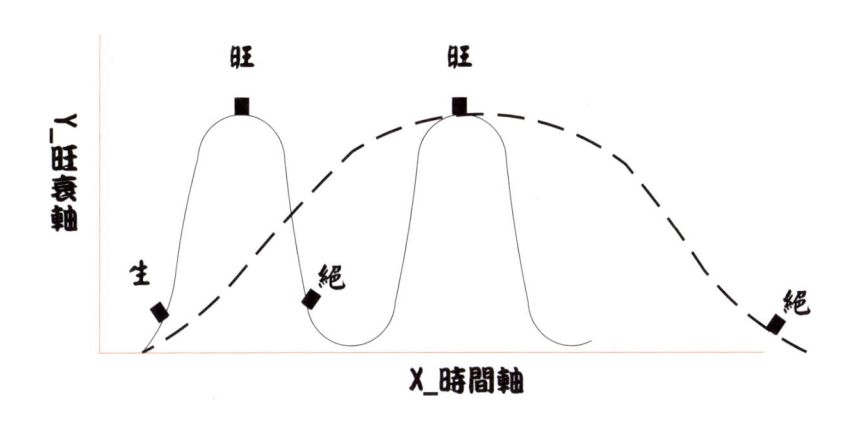

〔旁註：正如X軸較短的常態曲線，起落坡度大而時短〕
〔旁註：前幾年托您的福，我們班上有了美西之旅。
　　　　當我看到美西沙漠底下深谷中的流水，
　　　　緩流曲折、綿延不絕，顯然源頭氣息綿長；
　　　　我當時心中一種想法：
　　　　美利堅這個國家大地，正如X軸很長的常態曲線
　　　　，建國須長遠醞釀，然一旦建國亦是長久不衰〕

◎重新回到〔**三元九運**〕的論述：2004～2023年是下元8運，屬於艮卦，艮為東北，旺氣從東北吹向西南。可以見到〔**中原**〕東北方的北京與韓國是多麼風光與旺發。看韓國的氣勢，現在的衰尾就是颱風頭的現象。2024年立春開始，進入最近180年的最後一個大運，9運屬離卦，離為南方，旺運自屬南方；中原南方，大太極可以陸地延伸至印度洋，想來當是印度與東協受惠。水能界氣，界出幾個小太極；黃河以北至黑龍江的地區論小太極，則黃河北擋住南方來氣，黃河北岸的相對南區會較旺；黃河南岸與長江北岸論小太極，偏南的長江北岸應會較有發展；長江南岸以下的相對北方，與印度越南的相對南方，想來應該會較為遜色。

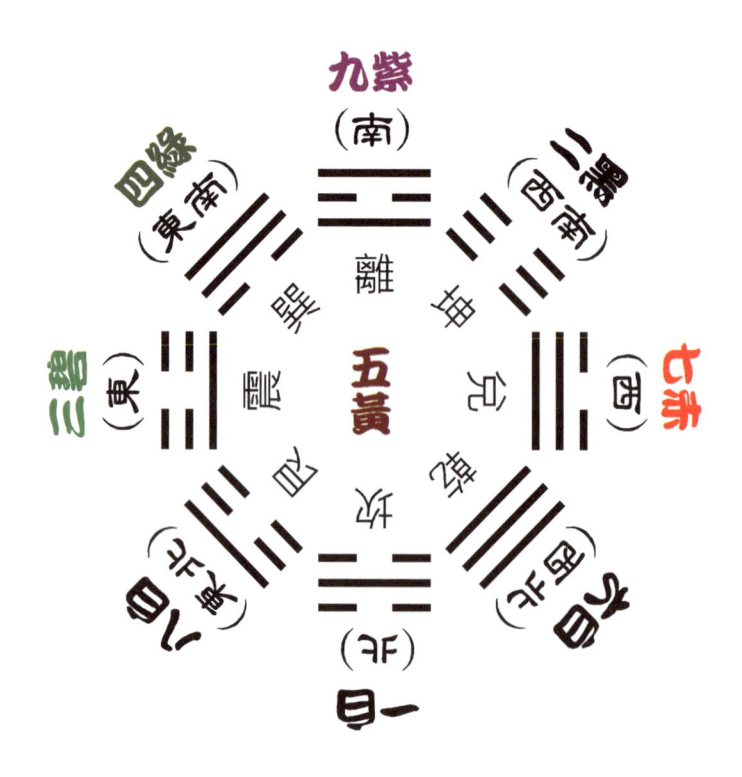

〔旁註：我不知你提出這個問題的真意，但我猜想你是為旗下企業發展憂心。以上僅是我個人的心思，僅提供參考〕

◎你後來有提到憂心台灣，憂心台灣池魚之殃。事實上，我一切定義天命天運，不會過於憂心。若是天命天運要遭殃，也一定有其因果；反正我們撐大旗的時代已過，福禍的承受點不在我們。

〔旁註：比如說，選前我女兒一直要我給柯文哲一個機會，給下一代一個更好的際遇；我說我不投票，大運的主軸在你們；至於福報吉凶自有天定，我只期待上天疼惜台灣、疼惜你們，把台灣往好的對的方向運作〕

〔旁註：另外你提到過去驗證過的大陸赤馬紅羊劫，從我看來，台灣好像颱風眼外的邊緣，當年台灣的劫難又與颱風眼的大陸體系不同。你擔心台海，我比較關注距離颱風眼較近的黃海與東海。當然，不由自主的還是會有些憂心，畢竟即使邊緣，亦是有事〕

◎總之，〈兒孫自有兒孫福〉，我們著眼目下，照顧好自身健康最重要吧！

【以下是他給的回覆】

〈感謝兄花心思在我的憂心上,這些立論有它基本的局存在。這類談話是我們與EMBA的教授(台海兩邊都授課)在以現在政治經濟學,時局趨勢走向,資本主義/社會主義優劣等等,去聊五年滾動計畫的一部分參考。你講述的有許多值得我們借鑒!感恩哈!〉

【劉賁按】

◎在談到2024～2043九運氣運在南的時候,有些當時想說又作罷的話,在此補充一下:

〈前兩年聽你說泰國工廠已經落成,就九紫運勢來說,即是先馳得點的作為。你若想投資台灣,以台灣為一個太極,應選旺區南台灣;同理,以日本來立極,旺區也在南,九州自然是旺區。最近台積電熊本廠的投資亦符合三元九運之理〉

《九紫運何去何從》　229

(九州)

北海道

本州

九州　四國

◎2024/06，**新聞報導：〈墨西哥已經取代中國成為美國最大的進口國〉**………若以北美洲為一個太極，墨西哥在其南，正符合九紫運旺區在南之說。

[加拿大]
太平洋
[美國]
大西洋
墨西哥
[墨西哥]

◎這個月初，〔2024年台北國際電腦展〕（COMPUTEX 2024）在台北，可真熱鬧了，黃仁勳與世界電子9巨頭以及電子AI生產供應商，匯聚台北，掀起了台灣與世界的AI投資熱。察其投資勢頭與演算中心的設立，似乎都以南台灣的〔高雄、台南、嘉義〕為首選。………如此則似乎又暗暗符合〔三元九運〕，為九運之說加一註腳。

進源書局圖書目錄
Zin Yuan Publishing Company Index

堪輿叢書

1001	陽宅傳薪燈(鄭照煌著)	平裝 350 元
1002	大三元廿四山六十四卦秘本全書(陳建利著)	平裝 600 元
1003	大三元順子局逆子局秘本全書(陳建利著)	平裝 600 元
1004	正宗三合法廿四山至寶全書(陳建利著)	平裝 500 元
1005	正宗九星法廿四山至寶全書(陳建利著)	平裝上下冊 800 元
1007	地理統一全書(古本)	精裝 4 鉅冊 9000 元
1008	三元九宮紫白陽宅入神秘旨全書(陳建利著)	平裝 500 元
1010	現代家相入門{虛明真人}POD	平裝 380 元
1011	陽宅大全(周繼著・崇仰編集)POD	平裝 400 元
1012	風水二書形氣類則(歐陽純)POD	平裝 600 元
1013	地學形勢集〈上，下〉POD	平裝 1200 元
1014	地理捷徑秘斷(張哲鳴著)	精裝 500 元
1015	廿四山造葬祈福便訣(林靖欽藏書)POD	平裝 500 元
1016	天學洞機(林靖欽藏書)	平裝 300 元
1017	正宗三元法廿四山至寶全書(陳建利著)POD	平裝 500 元
1018	正宗風水巒頭理氣至寶全書(陳建利著)POD	精裝 600 元
1019	六十仙命廿四山安葬擇日入神秘旨全書(陳建利著)POD	平裝 500 元
1020	陽宅佈局神位實例圖解(姜健賢著)	彩色平裝 600 元
1021	陽宅寶鑑與水晶靈力應用(姜健賢著)	彩色平裝 750 元
1022	陰宅墓相學與環境地質應用(姜健賢著)	彩色平裝 600 元
1023	地理名墓與斷訣(姜健賢著)	平裝 450 元
1024	陽宅紫府寶鑑(劉文瀾著・金靈子校訂)	平裝 250 元
1025	三元三合簡易羅經圖解使用法(天星居士著)	平裝 500 元
1026	渾天星度與透地六十龍(天星居士著)	平裝 400 元
1027	陽宅與寶石(姜健賢著)	平裝 600 元
1028	三元玄空註解(姜健賢著)	平裝 400 元
1029	尅擇講義註解(天星居士著)	平裝 600 元

1030	陽宅個案發微(陳彥樺著)POD	平裝 300元
1031	堪輿洩秘(清‧熊起磻原著)	平裝 600元
1032	地理鐵案(宋‧司馬頭陀原著)	平裝 350元
1033	天元五歌陽宅篇註(易齋‧趙景羲著)	平裝 300元
1034	地理尋龍點穴法訣(姜健賢編著)	平裝 250元
1035	陽宅公寓、店舖、街路圖實際斷法(天星居士著)POD	平裝 1000元
1037	蔣氏玄空學探真(于東輝著)	平裝 300元
1038	嫁娶擇日無師自通(天星居士著)	平裝 500元
1039	陰宅精要(王士文著)	平裝 300元
1040	造葬擇日無師自通(天星居士著)	平裝 500元
1041	羅經分層使用精典—增訂本(林琮學著)	平裝 350元
1042	造墓劣者地理法(戴仁著)POD	平裝 350元
1043	精簡陽宅學(王士文著)	平裝 300元
1045	天機地理提要(松林山人著)POD	平裝 500元
1046	玄空地理真原發財秘旨(蔡一良著)	平裝 500元
1047	陽宅改運DIY要訣(松林山人著)	平裝 380元
1048	各派陽宅精華(鍾茂基著)上下冊不分售	平裝 600元
1049	地理撮要秘訣(吳水龍編修)	平裝 250元
1050	新三元法—堪輿驗證實例(姜健賢編著)	平裝 300元
1051	撼龍經疑龍經發揮(黃榮泰著)	平裝 500元
1052	地理秘論全書(蕭有用著)上下冊不分售	平裝 500元
1053	玄空八宅經緯(黃榮泰著)POD	平裝 450元
1054	天機地理鉤玄(松林山人著)	平裝 380元
1055	你真的懂陽宅嗎？(陳巃羽著)	平裝 300元
1056	玄空風水問答(陳澧謀著)POD	平裝 500元
1057	八運陽宅吉凶推斷(陳澧謀著)	平裝 500元
1058	八運陽宅論財運(陳澧謀著)	平裝 600元
1059	八運陽宅論疾病(陳澧謀著)	平裝 800元
1060	堪輿真妙(王祥安著)	平裝 500元
1061	乾坤國寶透析(劉賁編著)	平裝 600元
1062	陽宅三要透析(劉賁編著)	平裝 650元

1063	五術築基（劉貴編著）---------------------- 平裝 400元
1064	八宅明鏡透析（劉貴編）------------------- 平裝 600元
1065	陳哲毅教你看陽宅技巧（陳哲毅・陳旅得合著）彩色平裝 350元
1066	陽宅指南白話圖文注解（蔣大鴻原著・陳龍羽注解）平裝 300元
1067	玄空大卦透析（劉貴編）上下冊不分售 ----- 平裝 1200元
1068	八宅明鏡（顧吾廬原著、劉貴精校）-------- 平裝 250元
1069	陽宅三要（趙九峰原著、劉貴精校）-------- 平裝 250元
1070	陽宅實務非看不可(黃連池著) ------------- 平裝 550元
1071	精義秘旨評註-駱氏挨星透析(劉貴評註)----- 平裝 800元
1072	易經風水母法-國學經典(沈朝合・謝翎苦合著) 平裝 350元
1073	各派陽宅診斷現象、化解〈黃恆堉・李羽宸〉 平裝 350元
1074	陰宅造葬實務非看不可-墓碑斷法大公開(黃連池)--------
------------------------------------- -平裝 550元
1075	陽宅形家透析（劉貴編）------------------ 平裝 550元
1076	陽宅形家透析-內巒頭（劉貴編）------------ 平裝 500元
1077	沈氏玄空學評註〈上冊〉（劉貴評註）-------- 平裝 500元
1078	沈氏玄空學評註〈下冊〉（劉貴評註）-------- 平裝 700元
1079	形家長眼法陽宅陰宅風水上課講義(二)〔劉寶卿著〕-精裝 2500元
1080	形家講堂非看不可(黃連池/陳義霖合著)--------平裝 600元
1081	七星打劫最終章(秦連森著)-----------------平裝 400元
1082	玄空陽宅學（胡祥著）--------------------- 平裝 300元
1083	陽宅SO EASY(許崴霖著)--------------------平裝 300元
1084	你真的懂陽宅嗎?(陳龍羽.蔣奕昕合著)--------平裝 350元
1085	環境與疾病-從風水尋找健康(王虎應/劉鐵卿著馮旭插圖)- 平裝 600元
1086	重鐫地理天機會元(徐試可重編；顧陵岡先生彙集)--------
------------------------ (上下冊不分售)精裝 1500元
1087	玄空挨星透析(一)-基礎理則篇(劉貴/編著)-----平裝 600元
1088	玄空挨星透析(二)-應用篇(劉貴/編著)---------平裝 600元
1089	玄空挨星透析(三)-下卦挨星圖局(劉貴/編著) 平裝 600元
1090	玄空挨星透析(四)- 替卦挨星圖局(劉貴/編著)-平裝 600元
1091	蔣法堪輿研究(蔣法堪輿大師唐正一嫡傳弟子陳晉長)----

-- 精裝 3600 元
1092 各家秘傳立向分金線法集(羅添友/編著) - 彩色平裝 600 元
1093 三元玄空大卦擇日祕法辨證(羅添友/編著)------平裝 500 元
1094 現代風水闡微錄(趙齊英/編著)----------------平裝 380 元
1095 雪心賦透析(劉貴/編著)----------------- 彩色平裝 800 元
1096 陽宅設計與救貧水法量測揭秘(鄭照煌/著)------平裝 450 元
1097 如影隨形十二宮風水心法(王磊/著)------------平裝 350 元
1098 科學風水點竅-破解風水迷疑,全面開釋(秦震/著)平裝 450 元
1099 形家陽宅配三元納氣診斷旺衰(陳義霖.林定榮.黃恆堉/合著)平裝 600 元
1100 葬經與陽宅指要(趙齊英/著)-------------------平裝 500 元
1101 形家-形局訣斷集錦真解(鄭照煌/著)-----------平裝 450 元
1102 九運陽宅透析(劉貴/編著)----------------彩色平裝 600 元

◎　　　　相　　　卜　　　叢　　　書　　　◎

2001 紫微占病斷訣實例(沈平山著) --------------- 平裝 300 元
2002 紫微斗數流年災禍總論(沈平山著) ----------- 平裝 380 元
2003 五行相法秘傳{永靖大師。英真大師}------POD 平裝 300 元
2004 易經占卜術(虛明真人編撰) ----------------- 平裝 200 元
2006 創意紫微命學講義(吳佳錡著) --------------- 平裝 350 元
2007 稀世真本鐵算盤(劉伯溫‧金靈子編校)POD ---- 平裝 600 元
2008 八字學星宮之鑰(劉金財著) ----------------- 平裝 300 元
2009 初學卜卦(鄭景峰著) ----------------------- 平裝 300 元
2010 文王卦實例[第一集](鄭景峰著)POD --------- 平裝 400 元
2011 文王卦實例《第二集》(鄭景峰著)POD -------- 平裝 400 元
2012 突破傳統八字命學(姜威國著) --------------- 平裝 350 元
2013 燕山集(清‧石楷著) ---------------------- 平裝 400 元
2014 卜卦看財運(鄭景峰著) --------------------- 平裝 350 元
2015 卜卦看感情(鄭景峰著) --------------------- 平裝 300 元
2016 玄易門陽宅改運秘術(王士文著) ------------- 平裝 300 元
2017 金寶占卜實例(黃金寶著) ------------------- 平裝 300 元
2018 精準商業占卜全書(王士文著) --------------- 平裝 300 元
2019 紫斗精論財運實例(王士文著) --------------- 平裝 300 元

編號	書名	裝訂	價格
2020	精論男女合婚(王士文著)	平裝	300元
2021	精簡紫斗論命實例(王士文著)	平裝	300元
2022	八字與生涯規劃講解(王士文著)	平裝	300元
2023	金寶占卜實例第二集(黃金寶著)	平裝	300元
2024	梅花易數解析（王士文著）	平裝	300元
2025	奇門遁甲講解（王士文著）POD	平裝	300元
2026	精簡奇門遁甲盤解說（王士文著）	平裝	300元
2027	奇門遁甲精要（王士文著）	平裝	300元
2028	古今七政占星速成(夏唯綱著)POD	平裝	450元
2029	文王卦與蔡宗志(蔡宗志著)	平裝	300元
2030	奇門遁甲析盤1080局國寶(陳彥樺著)	平裝	700元
2031	現代八字實例夫妻篇(蔡宗志著)	平裝	300元
2032	識紫微旺好運(陳彥樺著)POD	平裝	380元
2033	斷易精要(鍾茂基著)	平裝	500元
2034	易數占卜學真訣(周裕程著)	平裝	350元
2035	文王卦實例解析(蔡宗志著)	平裝	300元
2036	奇門遁甲使用精典(林琮學著)	平裝	380元
2037	學會解夢的第一本書(小米著)	平裝	120元
2038	金寶占卜實例第三集(黃金寶著)	平裝	300元
2039	紫微斗數一時分四命(法廣居士著)	平裝	300元
2040	手相改運彩色圖鑑(松林山人著)	平裝	450元
2041	五術津梁（洪富連著）POD	平裝	230元
2042	手掌訣淺釋與應用(松林山人著)	平裝	350元
2043	金玉六爻神卦(方金玉著)	平裝	300元
2044	斗數四化元氣（法廣居士著）	平裝	300元
2045	掌訣識玄機(蔡一良著)	平裝	380元
2046	文王聖卦廿四籤【鳥仔卦】附說明書		2000元
2047	文王聖卦－股票・求財透解(陳巃羽著)	平裝	250元
2048	葫蘆神數－生活易經占卜（沈朝合・謝翎合著）	平裝	300元
2049	奇門遁甲傳薪燈（鄭照煌著）POD	平裝	350元
2050	梅花易數實證集錄白話本（劉臺坤著）POD	平裝	350元

國家圖書館出版品預行編目資料

九運陽宅透析：九紫運現代陽宅納氣.2024→2043／
  劉貫著.--初版.--臺北市：進源網路事業有限公司，
  2025.01
  面；　公分.--（堪輿經典；1102）
  ISBN 978-626-98939-0-4（平裝）

  1.CST：相宅

  294.1　　　　　　　　　　　　　　　　113017763

◎堪輿經典 1102

九運陽宅透析

作　　者／劉　貫著
出 版 者／進源網路事業有限公司
發 行 人／林芳仔
法律顧問／江皇樺律師
社　　址／台北市華西街61-1號
電　　話／(02)2304-2670．2304-0856．2336-5280
傳　　真／(02)2302-9249
http://www.chinyuan.com.tw
WeChat ID：chinyuanbooks
Line ID：@fhq0021u
E-mail：juh3344@ms46.hinet.net
郵政劃撥／台北50075331進源書局帳戶
電腦排版／旭豐數位排版有限公司
印　　刷／天凱彩色印刷有限公司
出版日期／二〇二五年一月
定　　價／彩色平裝新台幣600元

著作權所有．翻印必究
◎本書如有缺頁破損或裝訂錯誤，請寄回本書局調換

源進